U0945295

同文书库

口述历史：我的鼓浪屿往事 之三

中共厦门市委宣传部
厦门市社会科学界联合会 / 编

厦门大学出版社
XIAMEN UNIVERSITY PRESS
国家一级出版社
全国百佳图书出版单位

图书在版编目(CIP)数据

口述历史:我的鼓浪屿往事.三/中共厦门市委宣传部,厦门市社会科学界联合会编.—厦门:厦门大学出版社,2019.8
ISBN 978-7-5615-7502-4

Ⅰ.①口… Ⅱ.①中…②厦… Ⅲ.①鼓浪屿—地方史 Ⅳ.①K295.73

中国版本图书馆 CIP 数据核字(2019)第 141550 号

出 版 人 郑文礼
责任编辑 章木良
美术编辑 拙 君
技术编辑 朱 楷

出版发行 厦门大学出版社
社　　址 厦门市软件园二期望海路 39 号
邮政编码 361008
总　　机 0592-2181111 0592-2181406(传真)
营销中心 0592-2184458 0592-2181365
网　　址 http://www.xmupress.com
邮　　箱 xmup@xmupress.com
印　　刷 厦门集大印刷厂

开本 720 mm×1 000 mm 1/16
印张 15.5
插页 3
字数 191 千字
版次 2019 年 8 月第 1 版
印次 2019 年 8 月第 1 次印刷
定价 62.00 元

本书如有印装质量问题请直接寄承印厂调换

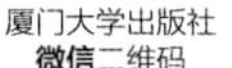

厦门大学出版社
微信二维码

厦门大学出版社
微博二维码

目　录

黄三元：我的艺术人生

口述人：黄三元（国际钢琴调律师）
采访人：欧阳鹭英
采访时间：2018 年 8 月 16 日
采访地点：五缘湾鼓浪屿钢琴艺术馆

口述人黄三元（黄三元供图）

我出生于 1955 年 12 月，父亲是旧社会官员，母亲则是泰国华侨。

因家庭原因，我从懂事起就谨小慎微做人，生怕再给家里添麻烦。

我有三个姐姐、两个妹妹。母亲用柔弱的肩膀挑起养家糊口的重担，她会裁缝手艺。我从小看着母亲缝纫衣服，母亲做到深更半夜，我也陪到深更半夜。好像我一生中对睡眠的需求很少，母亲一辈子总是在提醒我：睡觉，吃饭，小便。因为我常熬夜，也常常专注于手上的活，忘了吃也忘了尿。

家里的姐妹都对我很好，尤其是我二姐。我一直将二姐当作母亲，如今她依然很疼爱我的孩子。

记得当年她下乡到了福建明溪，一天工分满打满算也就六毛钱，不知她攒了多久才买了一块上海牌手表送给我，那块手表当时市场价是一百多块钱。可以说，那价值等同于现在的一辆奔驰汽车。

困难时期，我家里每人一天的粮食限量是一两米，往往是一杯米煮成一锅稀饭，每人盛一碗饭后，母亲只能喝米汤。后来我对长寿的母亲说："妈妈，您的长寿应该是当年喝米汤喝出来的，吃得好的人一般都死得快！"

当然，我这是在说调侃的话，要不是家庭困难连饭都不够吃，谁愿意挨饿呀？人家都称呼我母亲"阿娘"，因为她曾经是官太太，吃苦受累都是被逼出来的，母亲当"阿娘"的时间很短。

艰苦的童年

我从小就看我妈妈缝纫衣服，妈妈做到深更半夜，我也陪到深更半夜。刚开始母亲会打我，别的孩子一打就怕，可是竹苗子抽到我身上却没有见效，母亲开始心疼，转为好言劝我："乖孩子，你先到被窝里躺着，等被窝暖和后，妈妈就过来睡。"

我躺进被窝里，依然没有睡意，睁着眼睛听妈妈踩缝纫机"恰恰恰，嘎达嘎达"的声音，我能听出这节奏的均衡性和美妙性。母亲换上粗细不同型号的针踩出的节奏也不一样，我光听声音就能判断出妈妈正在踩直线还是踩转弯边角，布料的厚度不同声音也不同。

平常学校放学，其他同学都三五成群急着去玩扑克牌或者去做游戏，我总是赶着快点回家给妈妈当帮手。妈妈领来许多加工活，我会帮着做简单的缝纫拼接，这样练就了我车衣服的基本功。所以我也会裁剪，会缝补。家里那些零碎布头和下脚料都被我拼接成被单、床单。人家的衬衫领子破了，我就将领子割开，把背面的领面翻过来用糨糊裱好，再用熨斗固定后缝上，领子又焕然一新。后来我的三姐继承母亲的缝纫技术，她聪明灵巧，又会创新，做的服装比母亲更新颖，更受顾客欢迎。我有一个舅妈在泰国当服装设计师，她在日本学习的制衣技术，当她回国观光时，我就跟她在制作衣服上进行交流，她教我裁剪裤裆时要注意哪几个细节才能让裤子更好穿。这个技巧在后来我为别人改裤子时都用到了。

我的祖父以前在惠安制作首饰，我父亲既懂得铸造技术、民乐、南音，也懂得中医，父亲后来到了澳门就用中医给人看病治病，耳濡目染之下我也略懂一些中医养生疗法。比方说，为了保持我的听觉能力，我每周都要吃一次紫菜蛋花汤。

我的父母都是基督教徒，我从小跟着母亲到教堂，听唱诗班唱圣诗，这些美妙圣乐注入我的心灵。后来我看到三姐在弹曼陀铃，我就喜欢上了音乐。鼓浪屿人郑重阶家里常开家庭音乐会，小时候的我还没资格被请为座上宾，我就趴在他家窗户外看，站在门外听。大冬天的我衣着单薄，小时候我都没穿过羊毛衣，冻得鼻涕水直流，但是美妙的音乐旋律把我牢牢吸引了。从此，我喜欢上那些发出美妙声音的各种乐器。

鼓浪屿的孩子都爱游泳，我很小就会游泳了。大约是在六岁时，鼓浪屿有一个外号叫“虎蹄”，真名叫黄志明的大哥，他是水球队队员，他教我游泳技巧，还带我进出各种音乐场合。记得他带我游了两次厦鼓航线，之后我就会独自游泳了。另一位潜水能手外号叫“黑人”，真名叫孙先祝，他哥哥孙先庆是我的同学。“黑人”教我潜水，没经过训练的人潜水到十几米深的海底之后会七窍流血，他教我掌握了潜水技能，让我一生受益无穷。后来我在为钢琴调律上运气、用力都跟之前学过的功夫有密切联系。

一次，温医生的夫人林俊棉让我替她到厦门寄信，她认为从厦门寄信会比鼓浪屿寄信快几天，就给了我三分船票钱、两分坐车钱，还有一分是工钱。那时，一分钱就能买一条牛奶冰棒、六颗珠子糖。我为了省下船票，就用油蜡纸张将信裹了好几层，那时要找个塑料袋不像现在轻而易举，把信裹好之后再用一条草绳将信绑好挂在脖子上，双手夹住人字拖，纵身跃入海里，大约游了四十分钟才到对岸。说实在话，我游到海中间有点害怕，海水很凉，但是为了那几分钱我还是坚持到最后。上岸后我精疲力尽，花一分钱坐车到文化宫邮局投完信后，才穿着拖鞋慢慢往回走。回程是不必买船票的，我花一分钱买了一条冰棒犒劳自己。我三姐很厉害，她判断我有没有游泳就用指甲轻刮一下我手臂，如有一道白色痕迹就证明我游泳了，没有下水是不可能有划痕的。家里只有我一个男丁，要是让母亲知道我单独游泳了，肯定少不了一顿皮肉之痛。三姐心里有数，又不舍得我挨打，她也就没说。

母亲成天忙着做针线活，没空去菜市场买菜做饭，就掏出几个零钱让我替她安排饭菜。那是食品凭票供应的年代，买的菜类都比较单调。为了丰富菜桌上的伙食，我跟邻居到筼筜港摸虾、钓黄翅鱼、捞海苔、捡海带等。我七岁就能做饭炒菜，当我学会木雕手艺后，那些蔬菜的下脚料经我一雕一琢就成了工艺品，随便一摆弄就成了一朵花或一只蝴蝶，摆在盘子里做各种造型。一只鸡我就有多种做法，比如内脏用来炒菠萝，胸脯肉切片炒芹菜，其他用来炖汤。黄翅鱼的做法就更多了，可以做汤、清蒸、干煎、红烧。

由于我手艺多，年龄小，庄德昆、郑重阶、庄安仁这几个大哥都很疼我，只要有饭局他们都把我叫上，我会替他们修这修那，也会做菜，还帮他们做衣服改衣服。很多东西我看了一眼之后就会做，这可能就是大家所说的“灵巧”。

学习音乐

那是1971年的时候，我十五六岁，学校成了“半休眠”状态，我经常没有课上，那时我父亲已经从监狱里出来了。我就跟父亲说，让我学习木工活吧！父亲问为什么要学木工。我说，我总要学一门手艺今后才能养活自己呀！父亲默默点头同意了。

于是，我就到厦门中华木模厂去当学徒。早晨八点上班，我一般都提前半小时到，先烧好开水，打扫一下卫生，再磨刀具。我一直记得母亲对我说的话：做人要有志气，学什么都必须认真！我对所有的师傅都很尊重，每个师傅都会把自己的绝活教给我，这样我就收获很大。我还记得木模厂有陈细邦师傅、陈维成师傅。现在的大提琴手陈东曾经也在那里学过木模。

那是广播盒挂在家门口的年代，市场上正需要大量的广播盒。广播盒子材质是木头，当年市场上还很少见到三合板，广播盒要五片木板才能钉成盒子，八个顶角都要上铁钉，锁上螺丝。我练出了一手稳打稳敲的功夫，练了九个月的刨刀功夫后，又学习了三个月的锯木活、一年的凿木活，接着就做木模，到了做木模的时候，我已经能运作自如了。直到1978年考上福建省歌舞团之后，我才离开了中华木模厂。

也是那段时间，我一边当木匠，一边在闲暇时间跟一些音乐人玩音乐，我们不仅一起拉琴、唱歌，而且遇到涨潮的时候就相约到海里游泳。这些伙伴的游泳裤全是我做的，我买了一块藏蓝色卡其布，裁剪出好几条相同款式的短裤。以防混淆，我在每条短裤上用彩色线绣上不同的字母图案，这样，各自的裤子就好辨认了。

黄三元（前）在鼓浪屿与音乐友人的合影（摄于20世纪70年代）（黄三元供图）

我在郑重阶的家庭音乐会上喜欢上了乐器，从学曼陀铃开始，我制作了一把曼陀铃，后来小提琴、吉他、大提琴、钢琴等，这些我都能拨弄，管乐我也学会了。除了管乐我不会制作，其他木质乐器我都自己制作过。

有一回，二姐从山区探亲回家。一个晚上，我见她在独自流泪，便问她为什么伤心。她哭诉说，因为家里成分不好，她下乡都快十年了还没办法调回来，一些知青已经陆续回城了，她依然没有下落。我说，这样吧，我跟你到明溪一趟！

我向单位请了两个月事假，跟着二姐到了明溪。我义务为每个村干部做家具，做衣服。不久之后，我二姐便从明溪调回城了，到杏林玻璃厂工作。

我的乐感很好，在街上听到那些“铿锵铿锵”的敲打声，我就能用音乐表现出来。

有一次，重阶带我到王英杰家里。王英杰是歌舞团的大提琴手，当时他正在拉一首《沉思》曲，我被那独特的琴声及韵味迷住了，便碰了碰重阶的手肘，说我想学这种乐器。重阶说：“他是我好兄弟，我跟他说一声就行，问题不大。”

当晚，我们就在王英杰家里喝酒，下酒菜是巴浪鱼干蘸着酱油和大蒜，我向王英杰提出想看他的大提琴。他说随便我怎么看都行。我将大提琴接过来左看右看，掏出尺子量了各个零件部位的尺寸，把几张报纸用饭粒拼接成一张大纸，用熨斗将报纸熨平之后在上面描大提琴外形，细节都一一画好。回家之后我就开始制作，差不多两个晚上没睡觉，一周后，我把一把白坯的大提琴拿到王英杰家里。王英杰用狐疑的眼光盯着大提琴许久，他知道做一架大提琴所花费的时间不是按天计算的。他接过大提琴，试着一拉便赞不绝口，他说这音格标准都做得很好！他马上正式收我为徒，又将他儿子推荐给我，让他儿子跟我学木匠活。

记得我刚学大提琴那会，每天在家里不分昼夜地练琴。那些单调的旋律把父亲给听烦了，也许大提琴的声音太低沉，会影响他的情绪，终于有一天，父亲忍无可忍，他咆哮着：“你要练琴到公园里去练！”我回他：“你嫌烦去公园看书！”父亲暴跳如雷，说我无法无天，竟然敢顶撞他，气得要将我赶出去。后来是我二姐做了父亲的思想工作，父亲才平静下来。

我在英杰家里认识了现在的厦大声乐教授庄德昆。因为王英杰的弟弟王英伟在省歌舞剧院当小提琴手，庄德昆是省歌舞团的歌唱演员，他们常常相互串门，把电灯拉到院子后开月光下的音乐会。王英杰爱喝酒，每天都喝，我常陪他喝到半夜。那时候，大家经济条件都不好，酒和菜也不讲究，喝的是地瓜酒，但是我们有音乐相伴。常常第二天天没亮我就醒了，便先到海边游泳，等我游泳回来后他们还在睡觉，我冲洗完之后就赶着去木模厂工作。

黄三元与庄德昆（右）（摄于 20 世纪 70 年代）（黄三元供图）

到省歌舞团

1976年，那是多灾多难的一年。这一年，钢琴家殷承宗从北京回到厦门度假，中央音乐学院的褚耀武也回到鼓浪屿。

褚耀武手指比较短，我根据他的手指距离特制了一把小提琴送给他。有一次，褚耀武邀约几个好朋友去游泳，殷承宗也去了，褚耀武向殷承宗介绍我，说我会修琴，会做琴，也会弹琴。殷承宗说最好是还要再学习钢琴调律。我记住了他这句话。

后来，省歌舞团要招个既懂得乐器又会修琴的乐手，庄德昆建议我去考试。我便拿着那把自己制作的大提琴去面试，那时，报名的考生有400多名，只招一名。我的招生表格上还备注："该考生会制作乐器，他是拿着自己制作的大提琴来考试。"当时考试的曲目是《恺撒练习曲》《萨莉亚最听毛主席的话》这两首。省歌舞剧院院长张树平亲临现场，我开始紧张，前奏刚拉完就浑身出汗。当时我穿着羽绒服，张院长看出我紧张，就端来一杯白开水让我喝，使我缓解紧张的情绪。之后我拉得很顺利，也被录取了。但是，政治部门还是三番五次对我政审，因为我的家庭出身不好。那时，虽说"四人帮"已经倒台了，政治气氛没那么浓烈，但家庭出身的好坏还是有很大影响。省歌舞团的几个领导不信任我，说我年龄不大，怎么可能会做出这么精致的大提琴呢？为了证明大提琴是我自己做的，我就把制作工具、材料都带到省歌舞团，再次用一周时间在他们的眼皮底下完成一把大提琴的制作。这样，他们才心服口服。

在省歌舞团期间，我的饭菜票几乎全省了，因为庄德昆把我的手艺推销出去，说我会做衣服，会修理家具，修理收音机、电灯、手电筒，甚至修理皮鞋、理发的活都会干。我常常被这家请那家请，找我做衣服、裤子、裙子的人要排队等着。因为我做这些事从来不收费，他们就请我吃饭，每次庄德昆都沾我的光。他说："三元，你真是抢手货，你难道没发现那些老大姐看你的眼神吗？她们家中有闺女，一定是在打你的主意啦！"我笑而不语——我要什么样的对象我心里有数。

在省歌舞团里，我住的地方条件很差，潮湿阴暗，歌舞团的演员们住的条件都不好，因为团里宿舍紧缺。省歌舞团有个叫林志谦的厦门人，他常常在演出后或排练后，拿着一瓶固本药酒到我住处找我喝酒。我们坐在床沿边喝酒，没有什么下酒菜，一碟炒花生米就够了。他说喝酒能祛风湿，尤其是住这种地方更要注意。我跟林志谦成了好朋友。他是中国武术总教练，也是歌唱演员。后来他在电视连续剧《西游记》里演二郎神，是电视连续剧《西游记》武术总教练。林志谦当时介绍我跟万籁声学铁砂掌，万籁声是著名武术家，但因为学习铁砂掌会影响我拉琴，我就放弃了，倒是跟他学了一些拳术。

每个清晨，我与林志谦结伴锻炼身体，他教我南拳、北拳、气功。他还教我说普通话，纠正我的闽南口音。直到现在，我们还常常来往，他依然是我的好朋友。练功夫的这段经历对我之后调琴的体能有很多益处，比如用寸进的力量就是跟林志谦学习的。

在省歌舞团，我参加《货郎与小姐》的剧组演出。我既是乐队的大提琴手，又负责团里的乐器维修，还管理道具。我还会形象设计，我的头发都是自己整理的，还帮庄德昆等演员整理发型。

《货郎与小姐》全省巡回演出了 60 多场，最后一场在同安演出后即将结束，那时也没有演出费，只有晚餐费三毛钱的补贴。记得那天我与庄德昆跟书记坐在一起聊天，庄德昆提出要上北京进修声乐，我马上也接着说，我也要上北京进修。书记是山东人，那天他心情不错，都同意了。

北京深造

在北京期间，刚开始我和庄德昆都住在他姐姐庄德华的家里，后来乐团为我们安排了宿舍我们才搬出去。她姐姐也是小提琴手，当年在北京京剧团工作。

有一次，我和庄德昆在北京天桥剧场吃西餐，我们边吃边聊音乐，谈到殷承宗、马桂林。我们对面坐着的一个人马上走过来问我："你们是从哪里来的？你刚才提到的几个人我都认识。"

"我们从鼓浪屿来的。"

"你们来做什么？"

"我是来学习声乐的。"

"我是来学习调律的。"那人说，他们正要开办中国第一届调律专科学校，欢迎我加入。这样，我就把地址和联系方式留给他，第二天我就去报到了，没有经过任何考试就直接入学。

这个中国乐器协会全国钢琴调律专科学校，教师都是来自全国高等院校的老师，学员也是来自全国各个团体的演奏员。我的老师有：中央乐团的调律师马桂林教授、北京钢琴厂的金先彬、中央音乐学院的王德华。王德华一般是教理论课，我也跟几个国际调律大师学了调律，有狄特里克·都锡（Dietnick H.Dotzek）、劳瑟·切尔、高顿·斯坦韦、意大利的保罗·斐芝欧尼。

学习期间，因为我基础全面，制图、木模等综合知识面广，对钢琴结构掌握清楚后，调音技术水平迅速提高，不久就成了马桂林的得力助手，经常被邀请到一些著名歌唱家家里给钢琴调音，也常代替马桂林"出诊"。

我在北京学习期间，因为业内人士都知道我会做衣服、打家具等一些手艺，很多演员慕名找我改衣服、做衣服、做家具。我做的女性连衣裙有腰身，有曲线，裁剪得体；我做的裤子窄裤管，又好下蹲，怎么抬腿、踢腿也不裂开。这样，一些演员就把以前的样板戏穿的阔腿裤翻出来让我改成喇叭裤或窄腿裤。有些女演员还会为了做件连衣裙而争风吃醋，大家倾其所有地对我好，有的送东西，有的教我各种业务知识，有的请我吃饭，等等，那时候我的收获颇丰。可以说，我走到哪里都是抢手货。殷承宗是我的好朋友，所以常常监督我，怕我犯男女间的错误，看到我跟哪个女孩走得近了，就会提醒我，叫我要注意影响，不让我越雷池半步。直到我遇见我爱人孟丽娜之后，他才把监督的责任交给孟丽娜。在团里，我的衣服从来都不必自己洗，他们认为我的时间不必浪费在俗人也会做的活儿上，应该去做更有价值的事。

收获爱情

1980 年，我在给殷承宗调琴时认识了男高音刘秉义。那时，刘秉义有个学生是辽宁抚顺歌舞团的女中音孟丽娜，她也是主持人。孟丽娜想调到南方工作，刘秉义就把这个学生的照片和资料给我，让我将她推荐给厦门歌舞团。于是，我就跟她有了书信往来。当时，每封信我都是从右到左竖着写，她以为用这种古老写信方式的人一定是个老头子，每封信都称呼我老师。我回信说："你不必称呼我老师，我们都是同龄人。"其实，她仅小我两岁。

有一次，孟丽娜到北京演出，就到学校来找我，她看到我的第一眼就愣住了，因为我穿着喇叭裤，上着紧身衣，身材魁梧又时尚，与她印象中的我反差很大，一见面就把她给镇住了，而我也被她的容貌和气质迷住了。

从此我们就频繁来往，她常常到学校找我，每次门卫问她："请问你找谁？"她不假思索就说："我找黄三元，我是他的朋友。"中央乐团乐器维修室、排练厅都是她常光顾的地方。于是，大家都起哄，说黄三元已经有一个漂亮的女朋友。起先我们都没挑明，也就是普通朋友关系。后来，连我的大提琴老师马育弟都说："怎么我成了最后一个知道的？不行！三元你必须把女朋友叫到我家来吃饭。"他邀请我和孟丽娜一起到他家，马育弟亲自做了一桌丰盛的四川菜宴请我们，从那天起，我们的关系就明朗化了。

毕业之后，我要回到福建，她跟我一起回到厦门歌舞团。她家出身好，父母都是共产党员；我家成分不好，属于"黑五类"。当时我开玩笑说，我们是"国共合作"。

她跟我回到厦门后，先到市歌舞团考试，杨炳维团长说："很好！我们非常需要女中音。"但是，厦门歌舞团的条件是只有我调到厦门歌舞团，才能招收孟丽娜。

回到家之后我们就把婚事办了，之后我又带她去福建省歌舞团。福建省歌舞团歌唱队的队长王崇光说："孟丽娜不必考试了，我在北京就听过她演唱了，再说女中音我们团也欠缺，她还是主持人，要考试就走一下过场吧。"

于是，孟丽娜就回到抚顺开始办理调动工作。

我们分别在厦门、福州、北京、抚顺都宴请了朋友。后来她怀孕就回到娘家东北生孩子，孩子满月之后我才去把她接回到厦门。

功成名就

1987年夏季，我获悉全国第二届高级提琴制作比赛的消息，那是一场高手云集的角逐，我以业余身份一口气报名制作四把提琴：两把小提琴，一把中提琴，一把大提琴。为了制作提琴，妻子也非常配合我，她将年幼的儿子抱回东北娘家去照顾，让我能专心致志地工作。我在制作室门口贴一张条子：谈话请勿超过两分钟。此后，我把自己反锁在制作室里，为了节省时间，我早晨起来煮一锅稀饭解决三餐问题，五十天的时间里完成了四把提琴的制作，我的体重从七十六公斤下降到六十三公斤。为了防止提琴变形，这四把提琴都没有上漆，我带着这四把毛坯提琴去北京。不出所料，到了北京之后，由于气候不同，四把琴都有轻微的变形，经过修复之后我才放心上漆。我在每一把提琴上都刷上不同颜色、工艺的油漆。

当四把音色与外观一样光彩照人的提琴摆在评奖台上时，我忐忑不安地等着评奖结果。最后我被四次提名，四把提琴全部获奖。其中大提琴获第二名，小提琴获第六名，我穿着同样是自己精心制作的西装四次上台领奖。同年，我也获得轻工业部颁发的“高级提琴制作技师”的职称。这个名声很快传到了欧洲，丹麦王子通过文化部指定要一把我制作的小提琴。

黄三元制作的提琴获奖（黄三元供图）

黄三元与提琴制作大师戴洪祥（右）（黄三元供图）

因为我基础全面，在钢琴制作、修复古钢琴上很快上手；加上我平时勤奋好学，好琢磨，好创新，悟性高，体能好，我工作效率总比普通的调律师高。

当我在音乐界有点影响之后，远在英国的钢琴家傅聪特意邀请我到英国为他的四台德国钢琴调律。好朋友殷承宗也邀请我到美国为他的钢琴调律。

黄三元与傅聪（左）（黄三元供图）

鼓浪屿钢琴博物馆的捐赠者胡友义将他的钢琴收藏捐给鼓浪屿，一方面是因为他的故乡情结，另一方面是因为他知道厦门有个会修复古钢琴和制作钢琴的黄三元。

1992 年，中国青少年钢琴比赛在福州举办，有来自全国各地的 61 台钢琴。这些钢琴全是新琴，要将这些新琴达到音质、音调、音色的统一及音准的稳定是一个大难题，要保证钢琴演奏会的音律和谐、纯正、统一这三大要点，必须以一个人的音律来调正。国际著名钢琴演奏家、评委周广仁推荐由我一人来担当钢琴调律。

61 台钢琴，每台 88 个琴键，200 多根琴弦，要在短时间内调成一致是个高难度的工程，也是对人体神经系统的挑战。

我满怀信心地接受了这个挑战!

在黑压压一片的钢琴面前，我像首长检阅士兵一样一台台地打开钢琴盖，双腿站作马步，左右手与耳朵配合，左手在高音，右手在低音，做到每个音都一锤定音。

对于钢琴演奏者来说，演奏是按演奏者个人对乐曲的理解和情感来诠释，但调律是让钢琴达到音准准确、稳定、结实，才能使音质优美、和谐。

我弓着腰一台台地调律，每台琴平均花费半小时，周围的人不停地为我服务：递水、递毛巾等。调到第 36 台时，我实在是坚持不住了，感觉整个腰身快断了。这时，福建省歌舞团交响乐团团长林健叫我趴在地板上，他用手心不停地为我揉腰部，揉了一阵子之后，我感觉腰身能站直后又接着继续调律。这种超体能的工作，如果不是我平常坚持锻炼身体和学过功夫是很难应付的。

我仅用一天多的时间，就把福建体育馆的 61 台钢琴都调成标准的统一音准。此后，我也入选为世界钢琴调律师会员。

据统计，我国的钢琴总量约 40 万台，按最低的比例配置，至少需要 5 万名钢琴调律师。可是，目前全国只有 6000 名，且绝大多数未经过正规的专业培训教育。各等级的国家注册钢琴调律师加起来只有 2000 多名，调律师严重紧缺，市场上急需合格的钢琴调律师来进行维修钢琴、保养钢琴和调律的工作。

1998 年，我的钢琴艺术馆在五缘湾落成，我在这里制作钢琴和修复古钢琴、提琴，还向全国招收钢琴调律师。一些学员没有音乐基础，他们一边学习钢琴调律，一边学习钢琴，学成之后都成为优秀的钢琴调律师。

黄三元在调律 1（黄三元供图）

黄三元在调律 2（黄三元供图）

郑重阶——建筑师与音乐达人

口述人：郑重阶
采访人：欧阳鹭英
采访时间：2018 年 5 月 3 日、7 月 4 日、7 月 5 日、7 月 8 日
采访地点：厦门港双子塔 A 座、郑重阶家

【口述人简介】

郑重阶，男，1939 年 8 月出生于菲律宾。1946 年从菲律宾回国。1964 届福州大学土木工程系毕业生，退休前是厦门建筑工程公司和厦宁建筑总公司副总经理、高级工程师，如今移居美国。

采访人欧阳鹭英与郑重阶（欧阳鹭英供图）

我的祖父

我的祖父其实是我的伯公，他的原名叫郑德谦，后来改名郑意澄，是清朝举人，也是一名老中医。他的夫人大家称“先生嫲”，专门看小儿科。他们生了一个儿子夭折后，郑德谦的弟弟郑德兴就将自己的大儿子过继给他，那孩子就是我的父亲。这样，我们就把伯公叫作“爷爷”，把亲祖父叫作“叔公”。

郑意澄像（郑重阶供图）

爷爷在鼓浪屿开“六安斋”药房，鼓浪屿的中医“田伯”原来就是我爷爷的徒弟。爷爷一共开了三家药房，泉州路一间，内厝澳一间，厦门岛内也开一间，还开了一家钱庄。那时候，有名望的人都来找我爷爷看病，连厦门大学校长萨本栋和林文庆看病都要用轿子请爷爷亲自出诊。

我的父亲名叫郑菊友，1915 年出生于鼓浪屿，亲祖父郑德兴 46 岁就过世了。我一直叫“爷爷”的伯公一人挑起两家人的重担，养育自己一家和弟弟一家，他还另外收养了一对儿女。我亲祖母很封建，给我几个亲叔叔收养童养媳，三叔、五叔都逃婚了，他们逃到台湾后考上了台北大学，五叔的童养媳留在郑家读到高中毕业就跟别人跑了，其他童养媳都留在郑家。我女儿懂事后问我为什么我们家姑婆这么多，其实就是这些童养媳后来成为我姑姑。

郑重阶的父亲郑菊友（右）（郑重阶供图）

我父亲 15 岁那年，爷爷的好朋友将自己的女儿许配给父亲，双方大人为两个孩子包办了这门婚姻，并举行了仪式，但是他们没有同房。那时我父亲才读中学，母亲刘秀琴后来在鼓浪屿毓德女中读到高中毕业。1932 年父亲在厦门大学附属中学高中毕业后，考进上海中国无线电学院，后来这所大学改名为“交通大学”。

1936 年父亲大学毕业了，他在上海接受了新思想，与几个表兄弟（包括歌唱家颜宝玲的大哥颜宝民、二哥颜宝国）一起相约到美国求学。那时我爷爷不同意，很生气，扬言要断绝他们的经济来源。父亲在美国就读哥伦比亚大学无线电通信专业，两年后，研究生毕业。遇到卢沟桥事变，在爷爷的资助下，父亲带着全家从鼓浪屿移居菲律宾，他自己在新加坡工作。1937 年的重阳节，我大哥出生了，爷爷为他取名郑重阳；1939 年我出生了，爷爷又为我取名郑重阶。母亲每隔两年生一个孩子，由于父亲常年在外，我母亲好像在守活寡，当“先生嫲”的奶奶最疼爱我母亲，出诊也常常带她一起出去，母亲在一旁帮着她写处方。

我们几个兄弟姐妹的名字都是爷爷起的，而且预计了出生的年份。那时，我母亲还没生后面几个孩子，爷爷就将孙子孙女的名字起好了，大哥叫郑重阳，我是老二叫重阶，三弟重畏，三妹克勤，四妹克俭，小弟叫重随。后来爷爷去世了，母亲就根据爷爷起好的名字逐个给出生的孩子取名，碰巧爷爷少给1945年出生的妹妹起名字，这孩子生下来一个月就夭折了。

郑重阶幼时的全家照（郑重阶供图）

父亲回国之后又出国

抗战胜利后，1946年，父亲认为祖国的教育比菲律宾好，就将我们几个孩子先送回国读书。四叔在船务局工作，我们跟着四叔的船一起回来。

刚开始我们都住在祖母家，小弟弟那时才三岁，家里没人带，我只好抱着他到学校，将他放在我座位旁，随便拿一张纸让他乱画。他的学习成绩竟然比我还好，就这样他一直跟着我升级，不到15岁他就高中毕业。他个子很小，上大学之后才发育。他一直读到博士毕业，学的是中医，我家几个兄弟大多都是医生，只有我从事建筑行业。

小弟与我同一届，大家就以为我是留级生，其实我没留级，但我真的不是好学生。少年时期有一度我在下午逃学，因为我参加了社会上一些音乐团体，下午要去排练演奏，回家后作业总是抄弟弟的。每到开学第一天，我就要写一张检讨书，这样学校才准许我注册。

1947 年父亲和母亲也回国了，父亲在《晨光日报》《江声日报》当通信部主任，还在中华电影院对面开了一家“江声无线电公司”。当时，国民党电台如果安装或买设备都要请父亲去当顾问，还在内部给父亲挂名福建电台副台长，为的是向上多报一份薪水。父亲也不知道内情，也从来没去上班过，厦门电台也给父亲挂名当副台长。

我有一个三舅舅叫刘宗文，高中毕业后从惠安来厦门找工作，他是中国共产党地下党员。舅舅在《立民日报》里面当电信部收发员。当时《立民日报》里面的记者很多都是地下党员，父亲也不知道舅舅是地下党员。舅舅常跟一位姓周的先生来我家，这位周先生个子高大，长相帅气，梳着大包头。当时他在中华电影院门口摆摊卖香烟，其实是在做地下联络工作，摆摊卖烟只是在做掩护。中华人民共和国成立后这位姓周的先生当了厦门海军司令部副政委。

当时，我家住在厦门市南田巷，舅舅租在我家马路对面的一栋洋房，他在这栋房子里给地下党发电报。

1949 年的一个夜晚，陈诚的军队打了败仗抢占民房，舅舅家一、二层都住满了国民党兵。以毛森为首的厦门警备司令部警察半夜开车抓人，发现这栋楼有发射电波，几个警察持枪就冲上楼抓人，深更半夜把那些熟睡的国民党兵吵醒了。那些官兵正窝着一肚子火没处发，半夜被人吵醒更是恼火，起来就把那些警察拦在楼梯口不让上去，一个个将他们踹下楼梯。于是，警察与国民党兵大吵大闹，警察原计划要来个半夜突袭抓人，结果与国民党兵吵闹约有半个小时，左右邻居都被吵醒了。我舅舅和周先生趁着吵闹声中已经从天窗逃走了。警察发现要抓的人已经逃跑了，非常愤怒，打听到逃犯的姐夫就住在对面，于是返头来砸我家的大门，把我父亲的胸襟一把揪起，推进囚车里。我小妹妹当时才一岁多，被这突如其来的砸门声抓人情景吓得抽筋。隔天，《江声日报》《立民日报》就有大标题报道《警察半夜抓错人惊吓小孩！》，厦门志里面也有记录这个细节。

我这小妹妹成才过程中常常抽筋，智商发育也受到影响，看过许多医生也医治不好。

三天之后，我父亲被释放回来，因为父亲是个有影响的人，很多人都替他打抱不平。放走我父亲之后，这些人又将副经理张祖炎抓走，张祖炎的妻子带着女儿到我家来哭哭啼啼。我父亲有一位表姐叫“锥姑”，很有威望，是个女强人，家族里很多男人都听她的话，她还会做生意，而且消息灵通，判断力强。她看到形势不好，叫我父亲不要再耽搁时间了，得赶紧离开厦门到南洋去，她说毛森这人心狠手辣，一有风吹草动还会再抓人。我父亲不愿意离开，而我母亲则态度坚决地叫他走。那时，母亲肚子里还有一个未出生的孩子，那时那刻，真的叫生离死别啊！父亲是个有责任感的男人，他不舍得撇下一家老小远走高飞。在母亲的催逼下，父亲通过关系买到最后一班船票，那班船叫“芝莎连歌”号，坐满了人，非常拥挤。船即将离岸之前，父亲又抓紧时间跑回家见我们一眼，母亲看到我父亲优柔寡断，气得直跺脚，跟父亲在家里楼梯台阶上争吵，母亲用命令的口吻叫父亲快点离开，父亲将身边的美金都掏给母亲，含着眼泪一步三回头地离开我们。

我的少年时期

厦门解放之后，舅舅的朋友周先生当上了厦门海军司令部副政委，舅舅则当上了前线广播电台台长。但是好景不长，“肃反”运动时，查档案发现我父亲是新中国成立前的福建电台副台长，就开始对我舅舅进行审查，将舅舅降职为厦门电台副台长，最后降到电影公司副经理。

派出所知道我父亲曾经开无线电公司，就到我家清点属于管制品的无线电器材，从早上清点到下午，用一个本子来记录明细，大约有一千个零件：电容、电阻、电缆线、扩音器、收音机等；每隔一段时间又来盘点一次那些零件器材，看是否有丢失，还警告我们不许卖这些东西。那段时间我在学吉他，看到信托店行有一把旧吉他，我很喜欢，又没钱买，就将家里的一台六灯的收音机拿到信托店去换吉他，其实收音机的价格高过吉他的价格。后来公安局来盘点时发现少了一台收音机，我说是我拿去换吉他的，那时我才上初中。母亲就跟派出所人员说，你们如果不放心这些东西，这些东西放在家里也没用，还占位置，干脆都拿走吧。公安局派人把那些东西装了一板车拉走了。

那时，我母亲觉悟还是比较高的，因为她是高中生，鼓浪屿成立一家纸盒包装厂后请母亲去当厂长。母亲还常常为工厂设计一些不同规格的纸盒，她利用晚上时间自己画图纸，打样品。她设计的纸盒很受市场欢迎。

有一次，我和大哥离家出走，那时我们看了许多武打小说后中毒太深，我跟大哥商量要到峨眉山学武术。我们为了出逃做了充分的准备，我从家中五斗柜里抽出一些美金卷成一卷藏在衣服里面，又带了一把匕首。我们先坐船到漳州，到了漳州后，拦了一辆三轮车，问车夫去峨眉山怎么走。他说很远，要坐火车。我们坐上三轮车转了很久，车夫说到了。我发现下车地方还是原来上车的地方，我一怒之下掏出匕首将三轮车轮子戳破，不付给他车钱，后来大哥跟车夫理论之后才付给他一些车费。

我们那个晚上住进了旅馆，我将匕首放在枕头边，房门关上之后，还用一张桌子抵住房门，桌子上面还放着一把交椅，怕半夜有人闯进来。

第二天早上回到厦门，刚到第一码头要买票时，哥哥向我要钱。因为天气热，路上我将上衣掀起来扇风，把那卷钱扇掉了。大哥一问我才发现钱没了，我顿时冷汗全冒出来了，赶快回头沿路去找。刚看到地上那卷钱时，一个路人同时也发现了，正弯腰要捡，被我抢先捡起。这时，我的手腕被人钳住，我扭头一看，是我四叔。他说：“你这死孩子，你妈妈都快急死了，你们跑到这里干什么？”我和哥哥回到家里，才发现母亲连续几天都不吃不喝躺在床上，哭得死去活来。如果我和哥哥没回来，估计她会伤心而死的。

父亲离开我们后到了文莱，在文莱亚细亚石油公司当工程师。中华人民共和国成立后，我们一度与父亲断了通信，直到 1953 年，内地与香港恢复通信后，我们才与父亲有了书信往来。那时，他除了在亚细亚工作之外，又在文莱与当地两位合伙人开了一家无线电公司。

1953 年的暑假，父亲从文莱到了香港，母亲带着我和大哥也到香港会面。那时我和大哥才十四五岁，很不懂事，每天都到电影院看电影，从第一场看到最后一场，片场休息时我们就躲进厕所里，等工作人员清场过后，我们才从厕所出来，又接着看下一场电影。中途我们不吃不喝都不觉得饿，连着看到能背电影里的台词。一次，父亲终于发火了，叫我们脱了裤子趴在床沿边，他用鸡毛掸抽打我们的屁股，直到我们“哇哇”大叫，直喊“不敢了！”父亲才住手。后来我们不再去看电影了，与父亲度过两个月假期后又回到了鼓浪屿。

第二次是 1955 年，母亲又带着我和大哥去香港与父亲会面。那时，父亲要我们全家向政府申请出境，回来后我们便向公安局提出申请出境。

郑重阶的大哥在 20 世纪 60 年代初的结婚照（郑重阶供图）

我那时每学期的成绩单都要寄给父亲看，我因为学习成绩不高，就将七十几分改为九十几分，还是被父亲发现了涂改痕迹。

高二那年，我报考暨南美术学院，也被录取了。父亲知道后坚决不同意，他希望我将来跟他一样当一名工程师。他写信给学校阻止我上美术学院，后来我考进了福州大学土木工程系。

两地分居的婚姻

1962 年，香港旧城改造，所有的电缆、通信线路要重新排布，项目公开向社会招标，我父亲设计了方案也参加了招标，最终我父亲的方案中标，政府奖励了父亲一笔高额奖金。我父亲用这笔钱在香港万和花园买了一套房子和一个车库，还买了许多股票，其余存进银行。父亲在香港置业打算让我们全家出境之后有安家之地。父亲每封信都要求我们快点出境，可是一直没有被批准。有一次，父亲来信说，他骑摩托车翻车受伤，到医院体检时才发现有严重心脏病。我们看到这封信以为是父亲为了让我们早点出境给政府看的托词，都没当一回事。

1962 年，我暑假回家到电影院看电影，遇到几个女孩买不到电影票。我看到一位清纯可爱的女孩，很想跟她交朋友，就对她说，我这里多出几张电影票，就按原价卖给你们吧。她很高兴地拿了电影票付给我钱之后就进去看电影了。电影结束后，我跟着她一直到她家门口，才叫住她："喂！小姐，刚才的电影票钱我找错了，我还要再退给你五分。"那女孩抬头一看发现是我吓了一跳，脸都红了。我向她自我介绍，说我是福州大学在校学生，名叫郑重阶。女孩也自我介绍说她叫罗金清，是高中生，我们互相交换了姓名地址。没想到她警惕性还很高，过后，她还写信到福州大学人事部门了解该校土木工程系有没有郑重阶这个人，确定有这人之后，她才放心跟我来往。

（**罗金清：**我们开始有了书信交往，只要郑重阶放假回来，我就到鼓浪屿郑重阶家里，听他拉小提琴，虽然我不会拉琴，但是被那美妙音乐吸引了。重阶年轻时身材很好，眼睛很清澈，脸也清秀，加上他会弹会拉，在我心目中的位置也在提升。后来，我遇到很多追求者，但谁也看不上了。）

我一直等到罗金清中专毕业后才结婚。那时，卫校医士班要读四年，毕业后她被分配到福州建设兵团卫生队。记得 1967 年我们结婚，我朋友很多，贺礼送的都是《毛泽东选集》四集和《毛主席语录》，毛主席石膏像也有几十尊，《毛泽东选集》从地上摞起来约有两米高。那时，请客吃饭一次只能两桌，我朋友多，只好分作四次来请。

婚后，我们夫妻分居两地，我在厦门工作，她在福州工作。孩子出生后满月一过，她就抱着孩子到福州上班了。刚开始，丈母娘跟着她到福州带孩子，生了第二个孩子后，一个由丈母娘帮着带，一个由我母亲帮忙带。后来，我母亲也去香港了，我既要当爹又要当娘，罗金清几次申请调动都调不成，书记对罗金清说："你这是资产阶级思想，想过夫妻生活。"罗金清委屈得直掉眼泪。到了 1978 年之后我们夫妻才得以团聚。

1964 年我大学毕业后分配到厦门设计院工作，地点在公园旁。工作不久，设计院要把厦门沥青路工厂化，派我们几个技术员到上海去考察。火车上遇到红卫兵串联，红卫兵一上火车就抢座位，座位底下、过道上、行李架上都睡满了红卫兵，连上厕所都难。到了上海之后，设计院也已经被红卫兵夺权了，所以考察学习也泡汤了。

第二次学习是有关 1976 年火葬电器化改革。我们到哈尔滨和北京考察。到了设计院要拿资料，发现一些资料也被毁了，我们只拿回一些图纸。路过北京时遇到唐山大地震，记得我们在北京一所中学里打地铺睡觉。

喜欢音乐

我 12 岁就跟林屋的林碧琨学习钢琴，后来又跟蔡充泽老师学习小提琴，也跟江吼老师学习指挥和配器。我喜欢音乐，会弹钢琴，拉小提琴，吹单簧管、吉他。我看过一部电影叫《芦笙恋歌》，里面男主角虽说是吹葫芦丝，其实那声音是单簧管的声音，也叫黑管，我就这样喜欢上单簧管。鼓浪屿有一位名叫吴冷泉的老师在教工乐队吹单簧管吹得很好，他住在鹿耳礁，当年他从香港回鼓浪屿开“黑猫舞厅”，中华人民共和国成立后他在四中当体育老师，因为他游泳和其他运动都很好。到了“文革”时期，说他毒害青少年，将他抓出来批斗，那时他已经调到杏林的厦门化工学校当老师，后来他受不了百般折磨就自杀了。

鼓浪屿几个吹黑管的都是跟我学的，而我是跟吴冷泉老师学的单簧管和萨克斯。荣辉后来也跟我学单簧管和萨克斯。我一个朋友叫“阿六”，他是厦门的吉他大师，弹得非常好，跟他学吉他的学生有几百个。他不仅弹吉他，还会作曲。“文革”期间，他的罪名也是毒害青少年。

我曾经担任少先队合唱团的指挥，参加了社会上一些音乐团体，每天下午都没时间到学校上课。但是，凡是学校有文艺演出或者出黑板报，我都去帮忙。

那时，我家常常聚集一些音乐爱好者来举办音乐会，有伊文、汉珍、英建、树廉、圣生、英辉、志远、耀贞、国平、英杰、建中、赞庆等一二十个人。我们弹琴，也唱歌。大多数都是弹一些古典歌曲，苏联歌曲、印尼歌曲，偶尔也会唱些红歌，鼓浪屿家庭音乐会可以说是我家最早，也是坚持最久的一个活动，平均每两天一场。有一次，我下班回来，看到家门口围着一些人，我上前一看，是一张大字报，上面写着：“身为国家干部，还宣扬资产阶级生活方式……”接下去写些什么，我已经不想看了。

有一年的圣诞节，一些世界有名的圣乐团汇集在澳洲悉尼歌剧院演奏圣乐，鼓浪屿几位音乐爱好者知道消息之后都挤在一位朋友家收听澳洲广播电台。收音机是六灯的，那时不准收听国外广播，虽然他们把窗门关紧，放下厚厚的窗帘，也有人去告密。后来七个年轻人都被抓到龙头街心公园挂牌。那晚，我正好家里有事，我妹妹生孩子，我和母亲到漳州去看望妹妹。回来在龙头街心公园的舞台上，我看到七个人挂牌站在舞台上，罪名是“收听敌台”。志远看到我，悄悄使眼色，挤眉弄眼的，意思是说我运气好，否则我一定也要去挂牌。

20 世纪 80 年代鼓浪屿的家庭音乐会（郑重阶供图）

三次被表彰

我申请出境已经快二十年了，却一直没有被批准。

1973 年的一天，父亲打算到台湾见我叔叔，顺便在香港与我们见面。然而，他在文莱的机场上突然心脏病发作，抢救无效去世。那年父亲才 59 岁，这都是由于他长期一个人在外没人照顾所致。两天后，我叔叔来到家里告诉我们父亲去世的噩耗，母亲说：“两天前我就知道了。”原来，早在两天前她就做了个噩梦，梦见父亲乘坐的飞机从天上栽下，也就是那天，我的父亲去世。

后来我因为工作关系认识了社会上各个阶层的人，也认识了一些外事组的人员。我将申请出国的事跟外事组的人说了，他说，文莱还没跟中国建交，我的申请很难批准。他问我香港有没有财产，我说父亲在香港买了一套房子和车库，也买了许多股票。他说："你可以申请到香港继承财产。"在他的启发下，我又重新提出申请，请求到香港继承财产，三天后，公安局批准了我和母亲去香港。我当时在建筑公司当副总，手头上事情还很多，我就到公安局换上弟弟的名字重新申请，先让母亲一人去香港。

父亲去世后，他在文莱的合伙人曾寄过两次公司财务报表给我们，也寄来一些钱，说明公司的经营情况。第二次来信说公司的钱被副经理携款而逃了。我们也没办法去文莱追究，父亲在文莱公司里的所有财产就这样不了了之。而父亲在香港买的石油股票寄存在他朋友那里，也被他朋友独吞了，他告诉我们父亲买房时以股票为抵押，这股票有可能升值也可能贬值，又拿了一些英文资料给我们看，我们也不懂得。父亲在香港银行存了一笔钱，我们也不清楚，后来是我一个亲戚在香港当商会主席，以商会名义到银行一查才知道那是数额很大的一笔存款，因为是实名存款，别人无法冒领，这笔款后来母亲去世后分给了我们几个兄弟。

我被建设部三次表彰为优秀企业经理，分别在 1987 年、1991 年和 1993 年。

1987 年厦门建筑公司与南京建筑公司合作成立厦宁建筑公司，我担任副总经理。两家公司人员有 6000 多人。我几乎没有休息日，周六和周日都要加班。为了要赶上闽南三角区外商投资贸易会，在建设白鹭洲的时候只用七个月的时间完工。当时，项目总指挥是赵克明，我当现场指挥，刘励和张益河当副指挥。所有部门都到施工现场，有水务、电力、通信、污水处理等。各个部门都在那里挖管道，汽车不能通行，我每天只能骑着摩托车在工地上跑，路面一天之内变化无常。有一天，我要到市政府汇报施工进程，来时路面还好，出去时路上已经被挖了一条坑，我骑着摩托车一头踩空了，人从摩托车上摔下来，额头磕到石头上，豁了一个大口，鲜血直流，染红了半件白衬衫。我要到市政府开会，不能这副"尊荣"去，便赶紧回家换衣服。妻子见到我一脸的血吓了一跳，还好我妻子是医生，她为我清理了伤口并用止血布将伤口包扎起来，我换上干净的衣服便赶到市政府去开会。白鹭洲完工之后，我受到了表彰。

建中山医院旁边的十栋宿舍时，我只用了半年多时间就完工了。这次我又受到了表彰。

第三次表彰是在建仙岳路的金龙汽车公司，我夜以继日地指挥施工现场，最长一次两天两夜没有睡觉。有一天下着大雨，我身上的棉衣浸满了雨水，脱下来能拧出一滩的水。

省四建在体育中心盖教育宿舍楼时，盖到12层，发现大楼倾斜15度，大家非常紧张。开紧急会议让大家出谋划策，我举手说，让我试试看！大家都用怀疑的眼光看向我。我记得曾看过梁思成的一本关于意大利斜塔建筑的书，里面提到了房子倾斜的解救方案。我回家之后赶快找出那本书，第二天就提出了解决方案，即将楼房一侧40%挖深再浇灌水泥，水泥凝固之后，两侧挖同样的深度，再浇灌水泥，最后用100台千斤顶将房子的另一侧顶起来。这个方案最终解决了楼房倾斜的问题，公司奖励我15000元，我留下5000元，其余都分给一起工作奋斗的工人们，大家都很高兴。

有一次，我去广州开会，乘坐一辆小轿车。那天傍晚下着大雨，小轿车要回避迎面而来的一辆大车，方向盘打得太大，整辆小轿车滚到路边山坡下，司机被抛出车身外面，其他人都不同程度地受伤。我好好的，

就协助救护人员抬伤员等，回家后照常上班。两年后，我发现走路无力，

郑重阶（拉琴者）与大哥在一起演奏（郑重阶供图）

郑重阶与女儿（郑重阶供图）

下半身麻痹，到医院拍片，说我脊椎有多处粉碎性骨折，几节脊椎已经结成一团，一些中枢神经损伤，把周围神经都包住了，只剩下一根神经是活着的。领导建议我到上海做手术，我妻子陪我到了上海。手术过程很顺利，手术完之后我麻痹肿胀的感觉全都消失了，但从此之后我就再也不能站起来了，一直坐在轮椅上，生活很不方便。后来到了美国定居，出门坐车、坐飞机都离不开轮椅。只要回到国内，我都召集老朋友们一起到家里开音乐沙龙，每隔两天开一次。可以说，如果没有音乐陪伴，我难以支撑到现在。

郑重阶 20 世纪 80 年代在鼓浪屿组织的家庭音乐会（郑重阶供图）

三丘田的岁月

口述人：林聪明
采访人：郭凯
采访时间：2018 年 10 月
采访地点：湖滨中路 513 号林宅

【口述人简介】

林聪明，一位土生土长的老鼓浪屿人。当过老师，干过专职团干和专职武装干部，从事过教育行政工作。从 1986 年 11 月至 2013 年 5 月，在市区宣传部门工作 27 年，任中共厦门市委宣传部原副部长，曾兼任市人大常委、市纪委委员、市社科联党组书记、市社科联副主席，是中国记协第八届理事会理事、市记协主席。长期以来从事对外传播和新闻宣传的管理工作，对新闻传播和突发事件的新闻应对有专门的研究，主编《厦门新闻志》《与时代同行》《厦门记者眼中的台湾》等书，出版个人专著《正效应 负效应——新闻传播和危机处置的实践与思考》一书。一个摄影爱好者和闽南文化的传播者，在《海峡生活报》刊登《聪明视界》摄影专版，是中央人民广播电台《聪明闽南话》和《跟着聪明不迷路》专题节目的嘉宾主持。2013 年 5 月退休后，致力于鼓浪屿历史文化的研究，采用图文并茂的方式进行表达和传播。现仍担任厦门市社科联顾问和鼓浪屿公共议事会主席。

我家就在三丘田

鼓浪屿三丘田是我出生和成长的地方，也是我们一家四代生活的地方。外祖父和外祖母从惠安来厦门讨生活的时候，就居住在这里了。在我小时候的记忆中，外祖母刘葱就住在原和记洋行栈房旁边的一座闽南民居中，1959 年 8 月 23 日的特大台风后，房子成为危房，才搬到福州路 25 号居住。父亲母亲也是在三丘田结婚的。我们兄弟姐妹 6 个在这里长大，这里的码头，这里的一草一木，这里生活的一点一滴，深深地留在我们的记忆里。

父母亲的结婚照（林聪明供图）

我的母亲陈秀宝，出生于 1928 年 7 月，属龙。母亲与父亲拉扯我们兄弟姐妹 6 人长大，不是一句“不容易”就能够概括的。我的外祖父叫陈金元，早年从惠安后坑老家来到鼓浪屿谋生，挑着小五金维修担子走街串巷讨生活，闽南人称“钉铜”。我的外祖母，街坊邻居都称呼她“钉铜姆”。外祖父 50 多岁就去世了，只留下一张挂在外祖母家墙上的照片，还有一些五金维修和开锁的工具。

小时候看户口簿，父亲林奕藤的籍贯写着同安马巷，知道老祖宗是同安人，但具体是哪个村的就不清楚了。每年的清明节跟父亲到金鸡亭寺庙对面山坡给我祖父扫墓，知道祖父叫林松云，1935 年就去世了。祖父去世时，出生于 1926 年 12 月的父亲才 9 岁。父亲很少谈起林家的事情，也很少谈起他过去的艰难生活。父亲从 9 岁开始就到处流浪，在菜馆里帮人家端盘子，讨一口饭吃，当杂工谋生，当过远洋货轮的船员，到过十三港，去过巴基斯坦的卡拉奇港，我们家墙上的镜框里原来还有一张父亲和同事的合影。我家当年唯一的洋货，就是父亲当海员时带回来的一条印度生产的米黄色和咖啡色相间的小方格的羊毛毯子。中华人民共和国成立前，我的父亲就在厦门岛和鼓浪屿之间的海域摇舢板船，当船工，在海上讨生活。

三丘田是我们家所在地的地名。据说，一百多年前有洪姓居民在此开垦三块田地（闽南话，一块地叫一丘田），所以这个名字就这样留下来了。我查了一些历史资料，包括时间很早的地图（早年的地图都是手绘的）

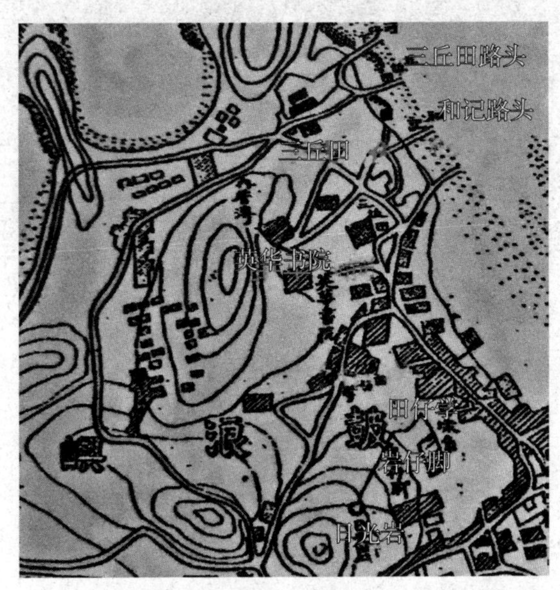

1900 年鼓浪屿手绘地图局部（林聪明供图）

上面就有三丘田这个地名了。

三丘田从地理形成的角度上分为两部分。我们家住在靠近三丘田码头的地方，叫下三丘田。这块地是 20 世纪 20 年代的时候，华侨王仔添在和记洋行和美国领事馆之间的地方，填海造地形成的一块矩形土地，王仔添还在靠近三丘田码头的旁边建了一座两层的房屋，这个地方就被称为下三丘田；不是填海形成的这一部分土地，就叫作上三丘田。居住在三丘田的人才这么区分，外面的人一般只知道鼓浪屿有一个三丘田，不知道还有上三丘田和下三丘田的区别。

鼓浪屿三丘田、和记码头一带的码头和建筑（林聪明供图）

三丘田路头

厦门人习惯上将码头称为“路头”，闽南话的这个称呼实际上非常形象，码头实际上就是岸上道路的终点，又是海上航路的起点，所以称为“路头”，十分形象贴切。

三丘田因为有码头，成为鼓浪屿和厦门岛之间水上交通的要道，也因此聚居着与码头营生相关的船工和搬运工。三丘田也因为码头的关系，演绎出许多的故事。我手头现有的历史老照片，有一些拍摄于 1880 年，从一百多年前留存下来的老照片中，我们看到当年用花岗岩石条建造的，从岸上延伸到海中的三丘田码头的真容，这已经是当时厦门岛和鼓浪屿海上运输的主要码头了。

三丘田码头（照片正中）（林聪明供图）

注：码头左侧两层建筑早已毁掉，后面三座一层建筑是和记洋行的栈房；照片右侧临海是美国海员医院，后为美国领事馆。

从历史资料来看，三丘田路头，不是指现在轮渡公司的旅游码头，而是旁边的三丘田古路头，三丘田古路头在 2018 年已经被列入福建省第九批省级文物保护单位。我经过考证发现，在鼓浪屿的历史上，鼓浪屿朝东，朝向厦门岛的这个方向，曾经有过 16 座古路头。但是现在基本上消失得所剩无几了。历史比较久远的，就只剩下三丘田路头了。黄家渡码头也算是比较有历史的，但是它是后来建设的了。现在的黄家渡一带，历史上原来是个海湾，1928 年，越南华侨黄仲训填海造地，才建设了这个黄家渡码头，也已经有 90 年的历史了，但比三丘田路头晚了起码几十年。再一个，黄家渡码头是钢筋混凝土结构，跟早年用花岗岩建造的古路头也不一样。早年花岗岩建造的码头，从岸上的高处往海里延伸，形成一个斜坡，不管涨潮还是退潮，什么潮位都能够靠船。在鼓浪屿，这种古路头仅存三丘田路头了。三丘田路头北侧的中谦路头也只剩一个不完整的遗址了。

黄仲训先生（林聪明供图）

三丘田路头是早年居住在三丘田、笔架山和内厝澳一带的人前往厦门岛的一个主要渡口。后来 19 世纪 70 年代美国人在渡口旁边建了美国海员医院，到了 1893 年，才改为美国领事馆。我们家就在美国领事馆旁边，因为美国国旗是星条旗，三丘田人都把三丘田路头叫作“花旗关”。现在保存的原美国领事馆是 1930 年重建的新馆，在临海旧馆西面后边几十米的山坡上建造的。原来的围墙都是红砖砌成的，十分牢固，只有在海边的围墙有一小段采用铁栏栅。20 世纪 90 年代把红砖墙拆掉，搞成铁栏栅的围墙，没有了原来的历史感。

美国海员医院（林聪明供图）

注：1871—1891 年，美国政府在鼓浪屿三丘田码头北面设立海员医院，后来也作为美国领事馆。

美国领事馆在靠海的地方形成一大片平地，作为网球场和花圃，网球场旁有一棵龙眼树和一片芦竹。在我的记忆中，这座建筑曾用作厦门打捞公司的办公楼，也用作厦门市干部休养所，还曾经是海洋研究所。我父亲退休时还在里面当过值班，当时还没有保安这个职业。后来有一段时间还成为宾馆。“文化大革命”期间，这座建筑几乎空置关闭，靠海的一大片空地连着当年中谦货栈的仓库。中谦货栈在中华人民共和国成立后成为协成纽扣厂，后来成为厦门绝缘材料厂，但是我们三丘田人习惯上仍叫“纽扣厂”。厦门绝缘材料厂就将一大片空地作为堆场，还建了一个篮球场，工厂工人不打球的时候，篮球场成了我们三丘田一帮大小孩子的专用球场。篮球场旁边剩余的空地，也被我们开辟为菜地，种植上海白菜、牛皮菜、莴笋、菜豆等。

三丘田路头实际上一直使用到中华人民共和国成立之后很长的一段

时间。当时轮渡码头边上有一个龙头路头还运载客人和货物，后来就慢慢地废弃了。少年时代的我为了挖用来钓鱼的“海蜈蚣”，经常在退潮之后从航海俱乐部海滩走到龙头路头再爬上岸，当时东方冰水厂码头已经不再使用了，但是龙头路头还在使用。从历史老照片中也可以佐证 20 世纪 50 年代末至 60 年代初期龙头路头还在使用，但是到了 70 年代初，龙头路头就基本上不再使用了，厦门舢板社主要用黄家渡作为货运码头，而舢板船的客运主要是厦门水仙码头与三丘田路头之间的对渡。

近景是还在运行的龙头路头，接下去依次是黄家渡码头、和记码头、三丘田码头和中谦码头（摄于 20 世纪 50 年代末）（林聪明供图）

为什么三丘田路头后来会成为厦门舢板社客运摆渡的主要码头呢？这与三丘田路头的地理位置和需求有关系。当年的轮渡船也不是现在这种铁壳大船，可以运载四五百人，而是木船，运载量才一百多人。当时的鼓浪屿上还有一二十家的工厂，如厦门造船厂鼓浪屿车间、厦门灯泡厂、第三塑料厂、厦门玻璃厂等，还有鼓浪屿高频设备厂、鼓浪屿无线电器材厂、鼓浪屿胶木厂等，工人有五六千之多。很多工厂都集中在内厝澳一带，住在厦门岛的工人要到鼓浪屿工厂上班，除了乘坐轮渡船，很多都就近取道三丘田路头，乘坐当年厦门舢板社的舢板过渡，一只舢板船可乘坐12个人。

我父亲在中华人民共和国成立之前就开始在厦鼓之间的海上摇舢板讨生活，之后成为厦门水运公司的船工。水运公司有舢板社，主要经营厦鼓之间海上的客运和货运。还有外海船队和内海船队，外海船队主要承担厦门与汕头、香港等地的海上货运；内海船队主要承担厦门与泉州、漳州等沿海市县的海上货运。我父亲有段时间在内海船队，从泉州安海盐场运盐，很长一段时间负责从厦门玻璃厂运载厦门鱼肝油厂生产需要的玻璃瓶。也有一段时间是舢板社的船工，主要在三丘田路头至厦门水仙码头之间摇舢板船载客。那段时间我就跟我父亲摇橹，我的手臂比较有力气，与年轻时摇橹的锻炼有直接关系。

据历史资料，早期鼓浪屿和厦门岛的过渡，不管是载货还是载人，最多的时候有多少舢板船呢？三百多艘！从历史留下来的照片可看到，厦门和鼓浪屿之间的这一片海面，舢板船是密密麻麻的。厦门轮渡码头是1936年才有的，在1936年之前，厦门岛跟鼓浪屿之间的过渡全部都用舢板船，也称作“双桨”。我看了一些历史照片，发现厦门岛与鼓浪屿之间的海上交通几乎都是使用双桨的舢板船，后来才过渡到部分使用双桨，部分使用摇橹。到了我的少年时代，看到的舢板船都是摇橹的。厦门舢板社的货运舢板船与客运舢板船是有差别的，载货的舢板船在靠近船头的地方有一块舱板，便于人站在上面搬运货物；载客的舢板船在船的两侧各有一排座椅。一直到20世纪80年代，从水仙码头到三丘田路头的客运量增加，厦门舢板社还使用机帆船载客，运载量提高了，速度也快了。三丘田路头一直使用到20世纪80年代中期才停航。它旁边的三丘田旅游码头是1984年才开始建的，实际上也是填海建起来的。

龙头路头至黄家渡一带海面的舢板船（林聪明供图）

现存的三丘田路头（林聪明供图）

和记海湾

下三丘田往南的地方原来还有一个码头，叫作和记码头，但是在 20 世纪 90 年代填海的时候被填掉消失了。早先，从三丘田码头沿着环岛路往轮渡方向走，距离三丘田碉堡约半米的地方就是海了，从碉堡到原航海俱乐部旁边，形成一个“凹”字形的海湾，和记码头就被掩埋在这个已经被填掉的海湾里。

和记码头、栈房与和记海湾，三丘田的人习惯上叫“和记”，实际上也是属于三丘田的范围，门牌号是三明路 1 号。为什么叫和记呢？鸦片战争以后，厦门被开辟成五口通商口岸之一。1845 年，英国人来到鼓浪屿，创办了和记洋行，随后在靠近鼓浪屿三丘田海滨的地方修建了和记码头和栈房，这个位置在当年龙头至和记“C”形海湾的端点，背后是陡峭的山坡，因此被称为“和记崎”。从现存的鼓浪屿早期地图看，和记码头最多时曾达到三座。和记洋行和同时在鼓浪屿的英商德记洋行干的是贩卖鸦片和华工的罪恶勾当。厦门是当时中国最大的苦力贸易中心之一。据历史资料不完全统计，从 1845 年至 1853 年第一季度，从厦门出口的苦力就有 12261 人。三丘田一带的这段历史是鼓浪屿历史的一部分。

和记洋行在码头旁边和三丘田一带修建了 6 座货栈。在今天鼓浪屿三明路 1 号旁边有两堵半墙，即是当时和记洋行的仓库设施遗存，该遗址今天只剩下原仓库建筑——由比较规整的方块花岗岩条石砌成的下半部外墙和石砌门窗的边框，上部的砖砌外墙大部分已坍塌。

原英国和记洋行货栈遗址的解说石碑（林聪明供图）

原英国和记洋行货栈遗址（林聪明供图）

在三丘田靠近原三明路 27 号的地方还有一座旧栈房，长期空置，里面杂草丛生。20 世纪 70 年代鼓浪屿房管所将其改建为一座五层的居民楼，门牌是三明路 25 号，我们都习惯称其为“五楼”。我家从房管所租住的一套住房就在三明路 27 号，与之相邻，从窗户可以直接看到黄仔厝的花园。

除了和记码头旁边的两座栈房外，附近的三丘田还建有 4 座栈房。和记码头和 6 座栈房都是厦门五口通商的历史见证，在 20 世纪 70 年代这些栈房都还保存着。其中的一个栈房在 50 年代就曾经用作厦门打捞公司的食堂和会场，打捞公司还经常在那里举办芗剧演出，我小时候看过一部芗剧《桃花搭渡》，几十年过去了还历历在目，几句唱腔还能随口唱出来。

后来两个栈房作为鼓浪屿胶木厂的厂房，主要生产一些电器配件和开关。20 世纪 90 年代企业生产出现困难，加上鼓浪屿确定发展旅游业，于是将鼓浪屿胶木厂厂房和土地盘给厦门工商银行，所得到的几百万元用于这家区属企业工人的安置和后续工作。原鼓浪屿胶木厂的地块改造成现编三明路 47 号、53 号、57 号三座别墅。

鼓浪屿原来就是一个麻雀虽小五脏俱全的独特海岛，岛上有碾米厂、豆制品厂、食品厂、米粉厂、杀猪的屠宰场，甚至有火葬场。中华人民

鼓浪屿胶木厂和上三丘田拆迁后新建的几座别墅，至今仍然空置
（林聪明供图）

共和国成立以后，和记码头一直是从龙海用传统木帆船把粮食运到鼓浪屿碾米厂的唯一码头，英商和记洋行的两座栈房作为鼓浪屿碾米厂的厂房和仓库，一直使用到 20 世纪 70 年代。当时为了粮食储存的需要，还在旧栈房旁边新建了一排仓库，位置就在现在的鼓浪屿风琴艺术中心。每当夏收和秋收以后，从龙海粮食主产区收购的稻谷就用木船运输，经九龙江出海口和厦门港航道运往鼓浪屿，运粮木帆船趁着涨潮的高水位停靠在和记码头，在码头和船之间搭一条木头跳板，搬运工肩上搭一条布，将每袋一两百斤的稻谷扛上肩，从船上经过窄窄的跳板走上码头，扛进碾米厂的仓库。搬运工每扛一袋稻谷就从记工员手上拿到一根竹签，作为结算工钱的凭证。当年鼓浪屿人吃饭购买的大米都是这个碾米厂生产出来的。因为生产的需要，隔着马路的两个栈房之间还专门架设了一条空中廊道，连接仓库和碾米车间。

和记码头的这个海湾还是当年厦门轮船总公司航行香港、广东等地的船舶维修的地方。这些每艘几百吨排水量的船舶由于外表用油漆漆成黑

原英国和记洋行栈房，长期作为鼓浪屿碾米厂的厂房（林聪明供图）

色，俗称“黑乌贼”。每过一段时间，当船底爬满海蛎和其他贝壳类以及海藻影响航速时，都要停靠在和记码头的小海湾进行维护。当退潮以后，船向一边倾斜时，船员就要拿着铲子、刷子等各种工具将附着在船底的贝壳类和藻类铲除冲洗掉，然后在船底堆放柴草点燃，用火的热量将木头船底烘干，在潮水还未涨上来时刷上油漆，对船进行保养。

到 20 世纪 80 年代，鼓浪屿从三丘田堤岸到原厦门航海俱乐部堤岸修建一条堤岸连接起来，作为开挖龙山洞土头和岛上垃圾的填埋场，将和记码头的这个海湾填为陆地。80 年代中期修建鼓浪屿环岛路时，从三丘田码头就可以直通到轮渡码头了。

和记海湾填成陆地后，地是扩大了，路是方便了，但是鼓浪屿少了具有优美海岸线的一个海湾，历经 150 多年风风雨雨的和记码头被埋在土里，和记洋行的两座栈房也被拆毁，只剩下当年作为碾米厂车间的栈房残留着的半堵墙壁，仿佛在提醒人们这里还有一段不该忘却的历史，默默地诉说着厦门作为通商口岸的历史变迁的故事。

三丘田的日子

1. 营生

那么，三丘田的百姓过的是什么样的日子呢?

三丘田靠海，靠码头，原来我们居住的这座楼与海之间只隔着一条三四米宽的马路。每年的 9 月天文大潮，海水就会直接涨到路面。俗话说，靠山吃山，靠海吃海。我们住的这座楼的老百姓，我粗略分析了一下，主要从事两种职业，都是跟海有关，跟码头有关的。一种是搬运工，还有一种是船工，而且多数都是早年从同安、惠安、泉州来到鼓浪屿讨生活的。我外祖父也是早年从惠安来到鼓浪屿的，挑着小五金维修担子走街串巷讨生活，在当时算是个手艺人。我母亲 5 岁的时候就跟着我外祖父母从惠安来到鼓浪屿，到 2017 年 2 月去世的时候已经 90 岁高龄，几乎在三丘田过了一辈子，直到 2004 年三丘田旧城改造拆迁时才搬到日光岩下的海坛路居住。当年惠安、同安、泉州一带的人来鼓浪屿这边讨生活的很多，那时候可以说是鼓浪屿发展比较快速的时期。

我从小就生活在三丘田这个地方，对三丘田有一种特殊的感情。三丘田这个地方很有意思，现在回过头去看，有点城市中的农村那种味道。我们住的这个地方，都是一些普普通通的老百姓。有的人说什么鼓浪屿是“富人岛”，这种说法我很不认同。任何社会都是由各个不同的阶层组成的，鼓浪屿也不例外，只不过由于一些华侨来到鼓浪屿购地建房和生活，相对其他地方，“有空人”（闽南话，“有钱人”）比较多一些。就鼓浪屿来讲，三丘田、福州路、龙头路、内厝澳这一些地方，居住的主要都是一些平民百姓，当然也有一些有钱人夹杂住在这里。所以，我的微信昵称就叫“三丘田农民”。

鼓浪屿这个地方，不论是宋元时期就来到岛上开垦的闽南先民，还是后来客居这里的华侨，或是从闽南各地来这里讨生活的劳苦大众，实际上都是外来的人，只不过是到鼓浪屿居住的时间早晚的问题，或只是在鼓浪屿居住的时间长短的不同而已。所以有人习惯上把老鼓浪屿人称为“鼓浪屿原住民”，这种称呼不准确，所以我的个人微信公众号是“鼓浪屿原乡人”，我觉得这个叫法比较贴切。

我们居住的楼前有一大片空地，称“海沙坡”，意思是海沙填造出来的。三丘田的居民中有很多人就在“海沙坡”的空地上建鸡舍、猪舍和柴草间，种植丝瓜和葡萄。我们家也建了一个柴草间，还建了一个猪舍专门用来养猪。猪长大后，我们要将一百多斤重的大肥猪放倒，用绳子将四条猪腿捆好，再用竹杠抬到“猪弄”去卖。我家也养鸡鸭，这些都是在物质比较紧缺的年代，普通百姓家庭过年过节重要的物质来源。从三丘田居民的生活情形，就可以看出当年鼓浪屿社会发展过程中的一些状况。

2. 谋生

听我母亲讲，外祖父去世后，她才 18 岁，就开始挑起生活的担子，和几个比较要好的结拜姐妹到厦门的菜行买来蔬菜，挑着担子沿街叫卖，直到我出生后她还是干的这个营生。1958 年“大跃进”的时候，我母亲进入玻璃厂，工作了几年。到了 1962 年，工厂精简压缩，她被辞退，回到家里，又没有工作了。当时我父亲当船工，一个月就那么一点钱，哪里能够养活那么大一家子？所以我母亲就开始想方设法挣钱养家。我小时候对母亲的辛苦劳作印象太深了。母亲每天用蒸笼蒸一些萝卜粿、番薯、芋头等食品，切好装在一个篮子里，上面盖上一块干净的布，提到造船厂、玻璃厂、灯泡厂，卖给工人做点心，以此赚一点钱贴补家用；后来又重新挑起担子卖菜。小时候，我经常跟着母亲沿着鼓浪屿的街道去卖菜，母亲挑着担子在前面走，我在后面跟着帮忙。到了“文化大革命”时期，我母亲就到龙海的白水营进货，贩卖一些木炭、木柴、地瓜、鸡鸭等农副产品。货物通过当年的东风码头与九龙江沿岸浮宫、白水营的客货轮船运输，到达厦门后又用船运到鼓浪屿三丘田码头，再搬运到我家里。那个年头，赚钱确实很不容易，一斤蔬菜、一斤水果，顶多就赚个几厘钱到几分钱；一百斤木柴从白水营贩运到鼓浪屿，卖给人家才两三块钱，最多赚个几角钱，还要帮人挑到家里。有一次一位居住在鸡母山的居民买了一百斤木柴，我把一担木柴从三丘田的家里挑到他家，汗流浃背，那份辛苦至今还记忆犹新。

当然，普通劳苦大众讨生活的岁月，与那些在国外发家的华侨经历相比，很多人觉得上不了台面，不光鲜亮丽。所以你看，在鼓浪屿的口述历史当中，很少有普通百姓生活经历这一块的内容。由于介绍鼓浪屿历史人文的内容讲的都是有钱人的那些事，也形成了外地人对鼓浪屿人的误解，一说你是鼓浪屿人，就认为你家是有钱人，有别墅居住，都会弹钢琴。我到外地开会学习或出差时，经常遇到这种误解。因为我是在普通老百姓的家里长大的，比较了解普通老百姓生活的艰难，我认为口述历史应该有他们的一席之地。

中华人民共和国成立以后，有相当长的一段时间，我们的物质生活仍是比较匮乏的。三丘田很多普通老百姓的家里吵架，不是为了什么大事，不少就是为了那五毛钱、一块钱。这五毛钱、一块钱，老婆要买这个，老公要买那个，于是发生了争吵。就像闽南童谣《天黑黑》唱的那样“阿公要煮咸，阿嬷要煮淡，两个相打弄破鼎”，所谓“贫贱夫妻百事哀”，这种事情我看得太多了。

3. 拾柴火

这种生活的不易与艰难，我很小就体会到了。现在的小孩子，六七岁了还奶声奶气的，还要父母亲、爷爷奶奶照顾，上学还要有人送，有人接。我小时候哪有这命，六七岁时，父母亲上班去了，我要背着我的妹妹，手上还要牵着我的弟弟，既要照顾弟弟，又要照顾妹妹。当时家里做饭用的是土灶，全部都是烧柴火。早上，我就要早早地上山去拾柴火。鼓浪屿的燕尾山上种了很多木麻黄、相思树和大叶桉树，我很早就要背着箩筐去山上用竹耙子拾柴火，爬到树上用竹竿绑扎的钩子把树上的枯树枝弄断，拾起来背回家烧火。当年的燕尾山是有点吓人的，是一座坟山，专门埋死人的，在山上经常会看到装死人骨头的“凤金瓮”，坟墓一座连一座，风吹树枝“沙沙”响，让你惊疑有鬼魂就在你的身后，冷不丁起鸡皮疙瘩。但是，再怎么害怕，我还是得上山拾柴火，每天都得去，而且要早去，去迟了，那些落叶、那些枯枝就被邻居的小孩子捷足先登，拾走了，我就拾不到柴火了。久而久之，也就不再害怕了，胆子就是这样练出来的。谈起这段往事，我开玩笑说，当时燕尾山树底下的树叶很少过夜的，扫得比现在的保洁员扫得还干净。直到 20 世纪 90 年代，厦门市民政局才把岛上的坟墓迁掉，只剩下鸡母山的基督教坟地没迁。燕尾山也改建为一个生态公园，鼓浪屿的环岛路从那里穿过。现在的游客来到这里游玩，燕尾山的海滨每天还有几十对新人拍摄婚纱照，他们从这里走来走去，没有燕尾山曾是坟山的概念。但是老鼓浪屿人是轻易不到这里的，因为他们知道这座山的历史，总觉得这里阴气重，不大吉利。

位于鼓浪屿北部海滨的燕尾山（林聪明供图）

还有，我很小的时候就下海捉鱼了。上山拾柴火，下海摸鱼虾，小时候的生活就是这么过来的。而且也不是只有我一个人这样，我们邻居的小孩子全部都是这样。所以我说三丘田虽然在鼓浪屿，在城市里，但是它有点都市农村的感觉，我们这些城市长大的孩子，生活跟农村孩子是没有什么差别的。

4. 讨小海

我们家就在海边。俗话说，靠海吃海。我很小就去海边钓鱼，下海拔淡菜，长大了还用三角罾、四角罾、流刺网、手撒网抓鱼，钓鱼也发展到用延绳钓讨海。在参加工作之后相当长的一段时间里，我在休息日还经常钓鱼和讨小海。

三丘田至厦门水仙码头之间的海中间，原来长期有固定几只专用实验油漆的趸船，时间长了趸船底部和铁链就会生长出海蛎和淡菜。我经常潜水到趸船的底部，将依附在趸船底的海蛎和淡菜拔下来。有一次，我推着一只大桶，泅水到那下面去拔淡菜。开始，人是朝向鼓浪屿这一边，到后来转到朝向厦门岛的那一边，在鼓浪屿这一边就只看到一只桶，看不到人了。刚巧另一个“浮筒”上有一个邻居在钓鱼，只看到我的桶绑在趸船那里，却没看到我的人，心想不好出事了，急忙大声喊三丘田的人去叫我母亲。我母亲一听腿都软了，走到三丘田码头，叫了一只渔船，说：“你赶快把我送到那儿看看！”这时，我刚好从厦门岛那面游过来拖桶，要去收拾潜水打捞起来的淡菜。那个邻居看到了说：“你还活着！”这次把母亲虚惊了一场，看到母亲为我担惊受怕的样子，我说算了，算了，以后不再下海潜水捞淡菜了。当时下海钓鱼、捕鱼、潜水打捞淡菜和红蚝，都是为了改善生活，现在钓鱼是为了休闲娱乐，性质完全不一样了，想想真令人感慨。

5. 百姓生活

当时，三丘田的老百姓多数住得比较拥挤，比如我们家，住的是租来的一间房，外加与别人合用半间厅，我们一家七八个人，你说怎么住？因此，我们就想方设法自力更生。早先厨房是父母在大门外搭建的，比较低矮。我们兄弟长大以后改建了一下，那时候也没有什么城管，我和弟弟就在退潮时到海滩上，将海中的一些花岗岩条石扛上来，到处捡来废弃的砖块，从山上挖来红土，把墙砌高，在屋顶安放了水泥预制板，铺设了屋顶，使厨房的条件得到改善。又在“海沙坡”建了一间猪圈，养了猪；还盖了一间柴火间，把从山上拾来的柴火囤积在里面；还用条石筑成一个池子，里面填满肥沃的土壤，种上瓠瓜、丝瓜、角瓜等。桌上的菜，不少都是自家种的，现摘现吃。那时候，三丘田的老百姓都会想方设法增加食物的来源。

现在的人觉得使用自来水非常方便，没有从水井里打水、挑水回家使用的概念。在1984年厦鼓海底水管接通之前，鼓浪屿的自来水都是依靠船运。水船先是开到水仙码头旁边，就是当时的自来水公司，现在的国际银行大厦前面，停靠在岸边接水，接完了水就开到鼓浪屿鹿耳礁旁边的抽水机站，用抽水机把水抽到漳州路自来水公司的低位水池和日光岩的高位水池，供应鼓浪屿。所以当时鼓浪屿的自来水供应还是比较紧张的。基本上一个居住区才一个卖水站，三丘田这片居住区有几十户人家，只有一个卖自来水的站。所以买自来水经常要排队，遇上水压低的时候，出水慢，队伍排成长蛇阵。所以我们当时每个人的家里面都有两个水缸，一个小点的装自来水，用于吃喝；再一个大点的，装从井里挑来的井水，日常洗刷基本上都是用井水，直到海底水管接通以后自来水供应才比较方便。

三丘田那些一起生活了几十年的邻居给我留下很深的印象。那时候家家户户很少锁门，远亲不如近邻，邻里之间互相关照。早时没什么好吃的，谁家里有什么较好吃的，都会端一碗出来，把左邻右舍的孩子叫过来尝尝。三丘田的南伯更是远近闻名的好人。南伯是当时鼓浪屿南拳高手之一，就住在上三丘田自已盖的一座两层楼的房子里，屋前种了两株葡萄，搭了葡萄棚（架子）。我们还是孩子时，常坐在葡萄架下乘凉话仙（聊天）。南伯人很好，在三丘田住的，不是搬运工就是船工，伤筋动骨是家常便饭，还有我们小孩子经常会摔倒什么的，就去找南伯，他就给你推拿治疗，不要钱。几十年过去了，南伯也早就去世了，但邻居们都还记着他。

普度是厦门乃至闽南的一个风俗，不知道从什么时候开始就有了这个习俗，农历七月各个地方轮流做普度。传说七月初一开地狱门，牛鬼蛇神纷纷出笼，为了给这些饿鬼一些吃的，就今天这个地方祭拜，明天那个地方祭拜，轮流祭祀，有一个普度众生的含义在里面。三丘田的普度日是七月初六。当时的生活困难，一日三餐都顾不过来，一年之间难得请人吃饭，不像现在，动辄上饭馆，所以普度的那天都会请一些朋友到家里吃饭。在我的记忆中，三丘田一年中最热闹的时候就是七月初六普度那一天。好不容易等到这一天，要提早做好准备。家里没什么食物，但是普度日之前的初一、初二、初三都有大潮，三丘田的青少年就纷纷讨小海，钓鱼、捕鱼，下海撬海蛎、潜水捞淡菜，搞来各种海鲜。到了初六这一天，再杀一两只鸡鸭，“山珍海味”就都有了。于是呼朋唤友，喝酒划拳，饱餐一顿。所以到了农历七月普度日，公安局的民警就很紧张，生怕人们酒后打架闹事。随着时代的发展，平时吃的都不错，不需要趁着普度日请朋友吃饭了，这个风俗也就淡出百姓的生活了。

6. 台风记忆

在三丘田的岁月中，印象十分深刻的就是1959年8月23日的超强台风。那一天的晚上天气特别闷热，我们一群小孩在海边乘凉后，10点多回到家里睡觉。下半夜忽然狂风大作，暴雨倾盆而下，当我被厦门打捞公司的工人背出门的时候，海水已经涨到我家门口，我们被安置在原美国领事馆。我的一个邻居不肯离开家，等到海水涨进屋子后才离开。

第二天台风过境，我们回到家里一看，海水虽然已经退去，但是从水淹的痕迹可以看出楼下房子淹了将近一人高。我们这座楼屋顶上水泥制成的“番仔瓦”全部飞走了，二楼的钢筋混凝土阳台在台风中毁掉了。和记海湾旁边有一棵老榕树，树身有一个凹进去的洞，可容两人栖身，就这么大的树，也被连根拔起，摧毁掉了。黄家渡这一片，全都被水淹掉了。海面上到处是被台风摧毁的木船。一条残破的木船搁浅在和记海湾，随着风浪一进一退撞击着海岸的岩石。破船上有一些木头，我想捡回家当柴火。可就在我跳到船上将木头扔到岸上，两手抓住船帮要跳到岸上的时候，一个巨浪打来，我还没来得及跳起，船帮就已经撞击到岸边的石头，我的两个手掌被撞得鲜血淋漓，还是厦门打捞公司的医生为我包扎治疗的。

那一次的超强台风损失巨大，厦门岛和鼓浪屿的不少夫妻船遭了殃。在现在的轮渡公司旁，鼓浪屿轮渡钢琴码头边，有一个避风坞，那个地方原来海中还有一块石头，海水高潮的时候都不会淹没，石头上面还放着一尊小小的妈祖像，是渔民们祭拜的地方。当年那些夫妻船就停靠在这里。台风一来，这些夫妻船也翻了好多，那一次台风真的是破坏太厉害了。

7. 打捞公司和航标基地

王仔添填海造出来的这块地，除了盖我们住的这座楼以外，有一片很大的面积约几千平方米的空地，我们叫作“海沙坡”。这块地，中华人民共和国成立初期就属于厦门打捞公司使用，也作为厦门海上航标灯设施的维修基地。当时，厦门打捞公司在三丘田和原美国领事馆设有办公场所，并以原来和记洋行的栈房作为公司的场地，在下三丘田还建有翻砂车间，当时主要打捞抗日战争后期，在鹭江被盟军飞机炸沉的日本军舰。

在我小时候，厦门打捞公司的打捞起重趸船经常停靠在三丘田海边。这种打捞起重趸船自身没有动力，需要拖船拖驳，停靠在打捞趸船旁的还有一条专门负责潜水员作业的船，船上最明显的标志就是一座中间支撑，两边横杠翘起，人工两边上下按压为潜水员打气的设备。潜水员穿着很厚的帆布制成的潜水服，胸前和背后还要挂着铅坠，戴上潜水头盔，头盔连着通气管道，穿上装备后从船旁的梯子下去。潜水员在水下作业时呼吸的水泡会不断地从水底冒出水面，船上可以通过电话与潜水员通话。我那当了一辈子船工的父亲有一段时间在打捞公司工作，当打捞起重趸船停靠在三丘田时，我就会跑到船上玩。

厦门打捞公司的潜水员在水下作业时发生过一次事故，水下爆破的炸药安装好后，潜水员还没有安全撤离，炸药就爆炸了，导致潜水员死亡。

厦门打捞公司在三丘田举行了隆重的葬礼，遇难的潜水员被装殓在一口红木棺之中，这件事在我的童年记忆中留下了十分深刻的印象。

当时从海中打捞起来的钢铁有一些被船拖到三丘田码头两边的沙滩和滩涂之中，时间放久了，铁板上长满了海蛎，涨潮以后会有不少鱼游来寻找饵料，铁板附近也是我们垂钓的好地方。

打捞起重的趸船在海中时间长了，就会长满海蛎、淡菜等贝壳类的东西，影响船行走的速度，要停泊在三丘田海滩进行维护保养。这时是我们这些海边长大的孩子的幸福时刻。我们带着挖撬贝壳的铁制工具和箩筐，一拥而上纷纷钻到趸船的底部，用工具将船底的海蛎和淡菜挖撬下来，装到自己的箩筐中。在当时物资比较匮乏的年代，这些海产品可以好好地改善一下生活，让我们享享口福。这种讨小海的方式发生过一次悲剧，有一次打捞起重趸船的一半还在水中，船还没有停稳，我们邻居中有很多人就迫不及待地钻到船底撬挖海蛎和淡菜，忽然间趸船朝人群的方向倾斜过来，我一个同学的姐姐被船压住不幸身亡。

打捞公司在打捞吊运的过程中会有一些小块的钢铁掉到海里，潜水员不可能再去取这些小东西，这些掉落海里的废钢铁就成为我们打捞的目标。那时是“文化大革命”的时候，我们都是年轻小伙子，停课之后没有事干，就到海里去打捞那些钢铁，换几个钱。我们曾经用粗铁线打捞出一个海里的打捞工具，这个工具用我们闽南话俗称为“海东京”（谐音）。“海东京”的四面是弯钩，这些铁钩绑在一起，抛出去，必有两个铁钩着地。钩子上面绑着一条绳子，我们把它扔到海里面拉，拉到礁石它能钩住，拉到钢铁它也能钩住。我们因地制宜用土办法，把绳子绑在木盆上，人泅水推着它，到拉不动时就潜到海底，看看钩住了什么东西，如果发现是可以打捞的钢铁，就用绳子将钢铁绑住，再想办法用船把钢铁吊出来。

我们的邻居中有好几个是船工，他们平时会把船停靠在三丘田码头。当年，东屿的渔船也经常停靠在三丘田码头，然后到鼓浪屿市场去卖海鲜。我们寻找钢铁都是在海水退潮水位较低的时候，发现目标后就在海里用绳子把钢铁绑好，绳子的另一头绑上一块木头让它浮在海面上，等有船的时候我们再把船划过去起吊。如果钢铁不大，就直接吊上来；如果比较大，拉不动，就把绳子系在船头，固定住，然后几个人坐在船尾等涨潮，依靠潮水上涨的力量，加上人在船尾的重量，就可以把沙里的铁块拉起来。当时一斤钢铁可以卖 5 分钱，一百斤就是 5 块钱，这就是半个月的生活费了。

打捞公司迁到厦门岛内以后，三丘田长期作为海军航标兵维修航标的基地，海边还设有高高的用于起吊航标的起重机。“海沙坡”平时都堆放着一二十个从海中拉回来保养的航标灯，堆放在海中固定航标的铁链和铁锚。每当维修航标时，敲击航标铁锈的钢铁撞击的声音不绝于耳，起重机的卷扬机房的墙上还写着大幅标语“敲铁锈也是干革命”。后来维护航标的任务由厦门航标处接管，再后来就搬到东渡去了。

2004 年鼓浪屿旧城改造时，三丘田的居民都安置搬迁了。三丘田原有的住房都拆掉了，只留下 20 世纪 70 年代鼓浪屿海军疗养院在“海沙坡”建造的一座五层楼房，还有 90 年代，厦门航标区在三丘田海滨盖的一座四层楼房，以及原来鼓浪屿胶木厂厂房地基上修建的几座别墅。老三丘田的印记已经荡然无存，只留下一片空地。三丘田这个老鼓浪屿人生活的聚落，已经消失在历史的岁月中。

从八卦楼上俯瞰三丘田（林聪明供图）

注：三丘田原有的旧房 2004 年已经全部拆掉，现在从八卦楼上俯瞰，只剩下几座新建的空楼房和三丘田码头，三丘田已不是原来的三丘田了。

下三丘田（林聪明供图）

注：这是 20 世纪 20 年代填海形成的下三丘田，地面左侧的地方原有一座两层楼房，当时列编三明路 4—16 号，我家住 10 号楼下。

上三丘田（林聪明供图）

注：上三丘田原有的旧房都被拆光了，留下一片空地和几座新建的空房。

我在鹭岛的收藏故事

——陈亚元先生口述实录

口述人：陈亚元
采访人：吴超慧、张倩敏、于琛
采访时间：2018年8月7日下午、8月28日下午
采访地点：陈亚元家

我于1953年8月13日出生在鼓浪屿，1969年之前一直居住在那里。我们一家共有四口人，除了父母亲，我还有一个妹妹。我父亲是龙岩人，1947年左右搬到鼓浪屿生活，在救世医院（也就是现在的郁约翰医院）做化验员。1957年，被分配到永安石灰厂进行劳动改造。母亲只得给人洗衣服贴补家用，全家的生活开始变得落魄困难。

我身份证上登记的出生年份虽然是1953年，但实际上我是1955年生人，这里面还有个故事。1969年，上山下乡运动持续开展，鼓浪屿和集美归侨的知青统一到永定插队，厦门市区的知青则到上杭和武平。由于鼓浪屿的知青人数不够，就把居民户也分配过去充数。因为当时我还小，才14岁，从笔山小学毕业进厦门二中读了大概半年，还不到插队的年纪，所以身份证上的出生年份就改成了1953年。于是我们全家就被动员下放到永定湖雷公社道仁大队永二生产队。那时候在学校整天学工、学农、学军，班级不叫班级而是几连几排，每天5点多就要出操，也没读什么书，读的英语都带着政治色彩，语文课本上尽是些“人老话多，莫嫌老汉说话啰唆。你钱大气粗腰杆壮，又有骡马又有羊……”之

类的内容，大伙儿的文化水平是相当低的。虽然我在二中只读了一个学期，但同学们之间的感情很好，一听说我要去永定插队落户，又是送火柴又是送肥皂。1969 年 10 月，我们乘火车去永定，当时车上哭声一片，那些比我大五六岁的知青也都在哭，又有什么办法呢？我们全家也是背井离乡。

由于那时候我还小，到了永定后，父母亲还是让我到永定湖雷三中继续读书，而他们和我妹妹则开始务农。从湖雷公社到道仁大队要走 15 里，从大队到生产队还要翻山越岭，至少要爬 900 级的台阶，太远了。那里的条件还十分艰苦，没粮时，我有时候就吃糠，正是长身体的时候，想吃东西却没东西吃。上学时，我一星期回家一次，我母亲会偷偷拿 6 斤左右的大米，加上锅底抹猪油炒的咸菜让我带去学校吃。我父亲回来后，一发现米缸里的米低于他之前画线的地方，就会责备母亲，因为当时大米的供应实在是太紧张了。

我从 1970 年开始，在永定湖雷三中读了两年初中。在校期间我还参加了毛泽东思想文艺宣传队，到处宣传演出，《洗衣歌》之类的曲子我到现在还会唱，在队里我专门演丑角或者反派人物。初中毕业后，能不能上高中看的是成分，只有贫下中农的孩子才能读高中，而我的成分不好，虽然书读得不错但也很难有机会继续上高中，反倒是那些读书不怎么样的贫下中农的孩子能被保送到像福师大这样的学校。当时我们班主任叫温先玉，他看我书读得好，又是毛泽东思想文艺宣传队的，就说："我帮你！"最终推荐我上了高中，我到现在都还很感激他，这是我人生的一个重要转折点。

高中毕业后，我回到永定湖雷公社道仁大队永二生产队务农。生活很艰苦，每天天没亮就去砍竹子到公社卖，尤其是夏季割稻子的时候，

永定县湖雷中学首届高中毕业高二（1）班留影（摄于1974年5月7日）（陈亚元供图）

湖雷中学毛泽东思想文艺宣传队分别留念（摄于1973年1月25日）（陈亚元供图）

特别特别辛苦。通常一天十个工分赚一毛八，但像我们这种年轻力壮的只给七个工分，所以一年下来根本吃不饱，但没办法只能认命，当时连能不能回厦门都不清楚。直到华国锋接班后，我们才有机会得以返城，包括最后一批知青也都回来了。

1977 年恢复高考的时候，我报考了浙江美院。当时，没钱又没车，我徒步走到永定县的公社，去龙岩的路上遇到好心人用货车把我带到龙岩师范学校报考。当初为什么想报考美院？因为在永定的时候，务农很辛苦，我就想学画画、理发之类的手艺来赚钱。永定那里的理发技术不行，我便自学了画画，画遗像或者是婚床上的鸳鸯、山水。由于平时很努力，所以我画的还算不错。糟糕的是，到了考试现场，才知道题目是素描真人模特，没有经过系统学习的我，平时画画静物素描还行，对着真人素描根本不懂得肌肉线条、阴暗对比的表现方法，最终没能考上，只好回来继续务农。现在想想，如果当时报考鼓浪屿工艺美术学校，也许我就考上了。

1978 年落实政策回到鼓浪屿后，我先去拖板车。当时鼓浪屿在挖防空洞，也就是笔架山那边的防空洞，我被分配在背负组，做什么呢？就是往拱形的架子里面塞石头成型，再往里面填水泥。比如师傅说“亚元，这个八十的”，我就量好 80 厘米的石料递给他。钻洞有废料需要拉出来，我就用板车把废料一车一车地从人民防空的山洞拖到玻璃厂那边的码头。当时拖板车一车八毛钱，非常辛苦，是很重的体力活，吃又吃不好。父母亲还没落实政策摘掉帽子，以前在福州路的公房也没有了，一家人没地方住，只能住在人民防空上面的一个小房间。人民防空有发电机，旁边搭了个值班的小屋，我父亲负责值班，我和他两个人一个床铺，而我母亲和妹妹则到别人家去当保姆。

之后我们找到英雄山的房子，鼓声路 28 号，在鼓浪别墅的旁边。有三间房子，大概五六十平方米。那边比较偏僻，一家人又重新住在一起。当时在生活上各方面都很艰辛，但是很锻炼人，培养人能吃苦，遇到事情会去认真地应对的品质。

大概是在 1979 年，有人说我的字写得不错，问我要不要去油印社刻钢板。我说我没有刻过钢板，他让我试试看，我就去了。当时誊写的是钢板，钢板跟钢笔字是不一样的，原来的是油印板。人家一看是男同胞，就让我写看看，誊印纸放在钢板上很滑，要用力气写，结果当时我写得不行。我就跟一个叫老 K 的师傅说："叔叔，不然你让我试试看，我在这里跟着你学习。"他说："不可能（坚持）的，很多年轻人没两天就溜走了。"我说："你让我试试看。"他就每天提供纸和钢板让我练习。我大概练了两个星期，问师傅行不行，师傅说还行。我说能不能让我去赚钱。当时正在刻厦大的教材，他看到很少有年轻人可以这样静下来，就说录取我，让我把那些教材拿来誊写。从此我就开始每天在龙头路的油印社誊写。

1980 年，我看到同学们去灯泡厂、造船厂、玻璃厂上班，很羡慕。我那时还是临时工，不知道以后要干什么。鼓浪屿的招工办问我要不要去厦门水泥管厂上班，当时工厂有分全民的、社办的，或者区办的，很复杂，水泥管厂属于全民所有制。我说："要啊！要啊！"就去报名了。

当时工厂在莲坂，很偏僻，每天都要坐卡车上班。水泥管厂主要是做厦门地下水管的，直径大概是一米。我去了以后被分配到钢筋班。因为我有过上山下乡的经历，能吃苦，就让我当班长。班长做了差不多半年，厂里的书记就叫我带人到福州学新技术——当时是用手工电焊的，要去福州市学碰焊，就是用机器"呼呼呼"的那种。出发前他突然问我会不会写黑板报，我说我在鼓浪屿街道出一个黑板报赚一块钱，有这个基础。书记就让我试试看。我把刊头画下去，花边弄出来，好人好事拼上去，看起来还蛮像样。书记就连声说："诶！亚元不能去！不能去！明天就换人。"（他要留我出黑板报）命运就此转折，我就来做政工了。

当时先让我去机修，接着搞政工，然后搞统计。20 世纪 80 年代出黑板报很时兴，不管企业还是学校都要出黑板报。当时我们厂里面很多都是社会上三进宫的一些人。所谓三进宫，就是社会上的盲流，被判刑的，或者拘留 15 天的。当时水泥管厂比较偏僻，而且这个工种都是要抡大锤，很辛苦，没有人愿意去。那是个新厂，我去那里比去鼓浪屿好，不然没地方去，后来把我安排到机修车间。当时去机修车间要有关系的，比如父母亲当厂长的才能到机修车间，去做钳工、车工——这些属于技术工种，进机修车间没那么容易。我一开始被分配到钢筋车间，因为会出黑板报，我就被分配到机修车间了。

过了几年，因为我表现得不错，被调到厂工会。我在这里工作了一段时间，大概到 1985 年，开始兴起"下海"潮，当时市政府有一些机关人员开始下海。因为机关没有奖金，企业有奖金，所以很多人就下海了，结果很多人不是做生意的料，就"淹死"了，很可惜。现在说起来那会儿都是公务员，以前并不这么认为。当时在机关单位，生活只靠工资，也没有奖金。像我爱人在罐头厂，她经常有福利，比如说骨头、排骨，可以带回来。那些机关工作人员就没有，干巴巴的。所以那时候是企业好，机关不好。现在是机关福利好，企业不好。三十年河东，三十年河西。

1985 年，我到厦门总工会工作，当时在轮渡，就是现在交通银行的所在地，命运的转折就在这里了。当时我觉得回家比较近，毕竟水泥管厂在莲坂，属于郊区，交通不像现在这么方便。我家在鼓浪屿，靠西边，又很远，上坡下坡，鼓浪屿没有车，一年下来皮鞋都要穿破三双。那时候轮渡离我家很近，人家介绍我去总工会，我就进去了。当时我很慌，因为我只有高中的文化水平。我在业余时间去成人大学培训写新闻稿，在厂里写新闻稿投稿。当时市里面有 8 个行政公司取消合并，我就管这个基建口，来加入工会。

初涉收藏，由书法的兴趣引到钱币

初涉收藏是在我进了总工会以后，也就是 1985 年。那年总工会叫我到上海出差，当时火车人满为患，座位底下睡人，车厢架上也睡人，连厕所里面都塞满了人，整个车厢都乱七八糟的。但我还是想去上海，还没去过上海，一想到要去就很高兴。别人是去旅游，我是逛书店，当时我在上海的一家书店里买了一本《中国钱币》杂志。

当时我对书法很感兴趣，就自学隶书。1985 年的时候，我住鼓浪屿英雄山附近，楼下有一个打墓碑的工匠，他会打墓碑但不会写字，就找我写碑文，写完以后他再临摹打出来。写一个墓碑能得 20 块钱，在那个年代不是个小数目。我一看《中国钱币》里面有北宋的崇宁通宝，是瘦金体的，连钱币都有宋徽宗的亲笔字，又有草书、行书、隶书、楷书等这些书体，就对历代的钱币开始感兴趣。

买了那本杂志以后，我就开始接触钱币收藏了。当时思东路艺兴商场有一个老前辈，80 多岁，他收藏的古钱币，买来一块钱卖你一块二、一块半，

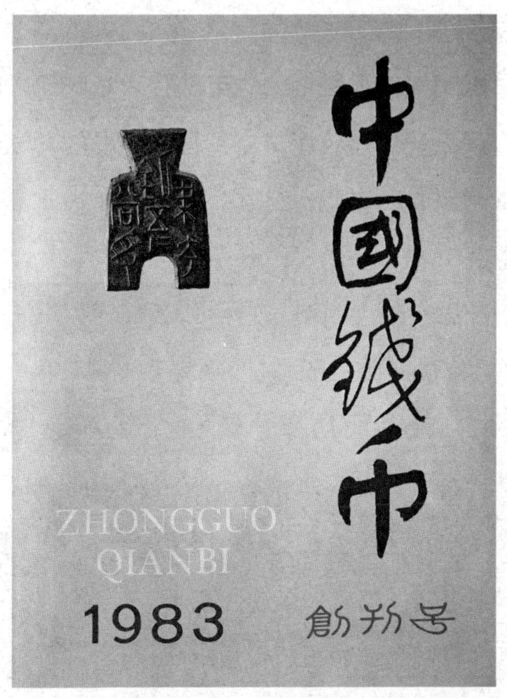

《中国钱币》创刊号（陈亚元供图）

赚你两毛钱、五毛钱。我们玩这个需要有钱谱，就是《历代古钱图说》，当时我没有钱谱，也懵懵懂懂，在老前辈这里买了一个康熙通宝，很高兴，整天在那里看，就开始入门了。

《历代古钱图说》是图录，当时一本才 9 块钱（标价），我花 50 块钱从别人那里买回来。这本书在全中国都通用，它上面有标注，我根据这个来收。你看（指书中），没有文字的时候，用这个贝壳（当货币），十齿的可以换一头猪，几个齿的贝壳可以换一些东西，比如换一包茶。以物易物就是这样。到了秦始皇，出现了步币——它有出处，比如有安阳出的，或者是哪里出的。因为当时这个东西（指北方古代货币）少，所以我开始转向收藏纸币。纸币我收得不错，这个在本地收有优势，后来我就出了一本书，这个后面讲。

这本书当时很难买，很畅销的。这个等于是收藏人的眼睛，帮我们认识到货币的价格，知道什么朝代出什么东西。我们知道清朝十二个皇帝，如乾隆通宝正面、背面的图案它这里面都有收录，这个很关键。有时候一字之差价格就不一样了。

清朝有十二个皇帝，顺治帝、康熙帝、雍正帝等这几个皇帝的货币，我想收齐，但是没办法。因为当时厦门收钱币的圈子很小，古钱币也很少，只有那个老前辈有，我每次到了休息日才去那边看看，才开始买。当时钱币的价格大概是一块、一块二、两块。有的后面有字体的，我就买回来开始研究，广交泉友——这个“泉”不是钱币的“钱”，是泉水的“泉”。这个“泉”在以前是钱的意思，指钱像泉水一样连绵不断，所以就叫“泉币”。我的收藏最早就是从中国历代货币开始。

我有这个兴趣后，常常星期四在东渡，星期五在万寿，星期六在泉州，星期天到漳州的古玩市场，广交泉友，开始认识很多人。有人知道我收藏钱币后，就有朋友问我某个东西你要不要。当时用电话交流，这个（钱币）品相怎么样啊，面值多少，这样我很快就入门了。

我听前辈讲，搞美术的人，到了一定的时间要举办一次展览，出一本书。像我这样搞收藏的，应该到了一定程度也办一次展览，来呈现这几年我是怎么收藏的，把东西呈现给大家；最好再出一本书，来体现人生收藏的一个过程，能这样算是最完美的。

所以到了 1990 年，我就举办展览。我把当时的那些资料（展览相关信息）都保存起来了。当时《厦门日报》的一个记者是我的同学，江曙霞的哥哥江曙耀，现在已经是老编辑了，他给我写了一篇《厦门最有“钱”的人》，这个“钱”还打了双引号，当时我还住在鼓浪屿。后来也经常有采访，如果你们百度一下，就会发现关于陈亚元收藏的采访实在是太多了。

定位藏品，从钱币转到纸币和各种地方相关文献

我从 1985 年开始收藏货币，到 1990 年举办货币展览。那是 1990 年 5 月 1 日，因为我南方的货币收得不错，大家都有兴趣看，厦门报社也采访报道了，我就在工人文化宫（现厦门市公安局）举办厦门首次货币展览。这个展览对我有启示，促使我在货币收藏上开始转变。

举办展览的时候，很多厦门人、漳州人，还有一些南方其他城市的人来看，他们都表示东西不错。我也邀请了一些北方的人来看。他们说我刀币、步币等“这几种泉币少，我也认可。因为厦门的历史，或者说福建的历史比较短。厦门的历史始于唐朝，但也没在这里留下什么稀罕的东西。有的朝代更替快，皇帝当了没几个月，出的东西很稀有，就很值钱。总体来说，收藏古代货币，我们没什么优势。

我就重新定位，开始收藏福建加盖有“厦门”两个字的银行票。中国银行和中国通商银行加盖厦门、福建；中南银行是鼓浪屿黄奕住办的银行，只加盖厦门的章。

这里面有很多故事。比如这个是乾隆年间的官票，整个福建省发行的。现在这一张价值 25 万元，以前我买来才几块钱。当时 10 块钱很大，11 个大洋才换一张 10 块钱的票，叫作“红鸡公”。它信誉好。

我收藏纸币以后，政协的洪老（洪卜仁）说他们要出一个系列，我收藏的纸币不少，他就纳入政协这一个系列帮我出书。因为当时出书，像什么书号啊，跟编辑沟通啊，我一窍不通。我有实物，而且当时没有打印，

都是平时积累起来的手稿，比如什么银行发行的，什么时候发的，谁发的，这些都可以写成故事。他们就把我这个做上去了。

《厦门老照片》封面（陈亚元供图）

我把收藏多年的部分藏品捐献给一些档案馆，比如省档案馆、市档案馆、思明区档案馆、市总工会，还有其他一些单位，也获得了一些荣誉证书。比如之前捐赠了明朝万历年间福建省的一些地契给市档案馆，他们颁发了证书给我，感谢我的捐赠把馆藏纸质档案的年限上延了一百多年。

我的收藏基本上以厦门岛和鼓浪屿当地的实物收藏为主。像粮户执照，厦门地区的不多，因为厦门岛和鼓浪屿的田地不是很多，历史也不是很长，所以我就把收藏范围扩大到整个福建地区，收了1万多种粮户执照，整理成50多盒。

粮户执照涉及的知识很多，单单它的叫法就有五六十种，关系到政

各种捐赠证书（陈亚元供图）

治、地理、文史等。比如厦门以前叫思明县，武夷山叫崇安县等；赋税的对象分粮户、花户、佃户、屠户、烟户、僧户等。十几万张的粮户执照中偶有一张盖着蓝章，我查找资料后发现，原来是因为当年皇帝驾崩，所以章不能盖红印。这些小细节多么有趣！总的来说，粮户执照是当时很重要的民间的一种文书，反映当时的社会生活状态。

我也收藏很多古书，像有关闽南白话的书籍，内容包括漳州音、泉州音、厦门音等。厦门音可以用字母拼读，那是因为鸦片战争以后，一些洋人到厦门来，有的做贸易，有的当老师，有的来传教。鼓浪屿上有不少基督教徒，这当中有很多不识字的阿婆，于是洋人就用罗马字母拼写闽南话，翻译《圣经》传教。我前几天刚从美国拍回来一本1905年版的《厦英字典》，研究起来很有意思。

老照片、明信片的收藏以及背后的故事

货币讲完了，现在开始讲收藏老照片和明信片的故事。我收藏老照片和明信片的时间比较短，因为闽南人对老照片是有忌讳的，不喜欢放在家里，觉得死人的照片拿到家里晦气，一般都烧掉，所以一开始我没去收。直到 2014 年，有一位叫洪凯杰的厦门年轻人来我家里，说自己专门搞老照片和明信片的收藏，几年前就开始在美国的易贝（e-bay）网站上搜集购买，当时拍的老照片、明信片都很便宜。那时候我对上网一窍不通，什么“一倍”还是“两倍”，我根本不懂。他还邀请我有空去他家看看。

洪凯杰住在莲坂那边，我找了个时间去他家，看了他的收藏以后，觉得每一张老照片和明信片都是有故事的，很有意思。比如你看这张是鼓浪屿的全景。这张是兴贤宫，现在早就没有了，原来在鼓浪屿的操场旁边，现在变成一尊马约翰的塑像，这照片还把当时从这边路过的扛轿子的也拍下来了。这张是当时的日光岩，光秃秃的一个山，以后变成这样，下面有了几幢房子，以后又有了这个台阶。这张照片里的东西很多年轻人都不知道，叫吊屋，就是通过杠杆的原理把井里的水提起来，不用人去捞。这张拍的是鼓浪屿的会审公堂。

这些老照片是谁拍的呢？是洋人。1843 年一些洋人到厦门来，有的传教，有的做贸易生意，有的做老师。他们带来的摄像器材虽然现在看来是古董，但在当时都是一流的，拍了很多鼓浪屿的实景，每张都有故事，也有很多知识，这让我很感兴趣。当时参观完洪凯杰 200 多张的藏品后，我立马给他开价：“来，我全部都拿，一张 500 块！”本来他妈妈见到我时还在向我抱怨：“这死孩子，拿钱去搞这些收藏。”一直骂他，我还劝她：“阿姨，你错了，如果你儿子拿这些钱去赌博就没了。”后面一听

我说一张500块，很吃惊，要知道买来的时候才100块，没想到这么值钱。不过最后洪凯杰并没有卖给我。

从这以后，我便开始收集有关厦门的老照片和明信片，从此一发不可收拾。除了鼓浪屿的，还有像我手上这些南普陀早期的照片，角度很多，都是清朝时的照片，基本上很多人都没见过。你看这张，当时外面都是田，里面有四大金刚、观音殿和大雄宝殿。这“大雄宝殿”是后来的词，还有好几个名称。这张是南普陀里的玉佛，这个现在还在，只是一般人见不到。

这些老照片和明信片部分是通过美国搞收藏的朋友买到的，一些是委托厦门本地的店家通过网上搜索买到的。只要有关“鼓浪屿”“厦门”“Amoy”的，我就买下来，我自己定价，厦门的500块，鼓浪屿的

厦门南普陀老照片（陈亚元供图）

厦门南普陀玉佛（陈亚元供图）

1000 多块，没两年时间就收了五六百张，整成 8 本册子。去年洪老说要出这个（展览），我就把这些东西都拿出来了。本来这个是我跟洪老合作的，后面他又叫了洪明昌，也是我的朋友，他是台湾人，在鼓浪屿办这个馆。我说好，不要紧，反正大家一起来做，其实里面的东西很多是我的。

研究老照片和明信片的故事是很有意思的，这里面的东西太多了，也让我延伸出了不少其他题材的收藏，比如美国大白舰队访厦的专题收藏。

故事先从南普陀后山的一块碑说起，这块碑上记载着光绪三十四年，也就是 1908 年的 10 月，美国大白舰队来厦友好访问的事件。瞧（碑文照片），上面清楚记录着来访八艘舰队的名称。

那时候我们还没有像样的舰队，清政府负责接待的官员看到大白舰队觉得很是了不得，举办了隆重的欢迎仪式，在演武池搭盖了一个临时的招待场所，接待人数达到六七千人，声势浩大，花了好几万两银子。为了这次接待，清政府还特地从上海引进电灯，厦门因此有了第一盏电灯，在这之前，我们还都是点煤油灯的。

虽然访问的时间只有一个星期，但是每天安排的活动非常丰富，比如到鼓浪屿上打橄榄球等。我这里有一本册子详细记录了此次访问的行程，细到一日三餐的安排，有厦门特产土笋冻什么的，据说这些美国人因为不习惯，有的吃了拉肚子。这本册子是通过我一位美国的朋友买到的，当时开价 12000 元，我觉得这类资料很少见便买下，现在这样一本要 6 万多元。

清政府还为这次访问准备了一系列的纪念品：扇子、家具、北京的景泰蓝等。我手上的这套（一对景泰蓝花瓶、一个景泰蓝盘子）就是当时送给八位舰长的礼物，瓶上、盘子上绘着美国国旗，写了“厦门”两个字，还有英文，做得很精致。除了舰长，来访官员都有相应的礼物。

欢迎美舰纪念品目（陈亚元供图）

美国大白舰队访问厦门纪念品（陈亚元供图）

围绕这一事件的专题收藏，是从 2014 年我收藏的一张记录当时来访人员观看武术表演的明信片开始的。之后我在查找资料的过程中发现，哎呀，原来当时来了这么多人，清政府花了这么多的银子招待他们，还弄了一个碑专门记录这件事，很有意义！于是逐步收藏相关的物件。那次访问衍生出的物件款式太多了，比如银杯，是当时获得橄榄球之类比赛活动第一名的奖品，听说之前单单一个银杯就拍了 40 多万元。还有这套景泰蓝花瓶和盘子，我从网上了解到，在北京的保利拍卖会上拍了 25 万元。那时，我只收藏明信片和老照片，心里想着要是能有这么一套就好了。

偶然的机会，我从一个小杯子开始收起，这个杯子是清政府送给来访官员的纪念品之一，每个官员都有一个杯子、一个托盘。那个年代对级别很重视，送出的杯子按级别分大小。这类杯具的数量太多了，要知道来访的人数有六七千呢，所以存量很多，一套杯具大概卖两千块，当时我交代美国的朋友帮我多留意，最后买了十几套。

后来又一次偶然的机会，一位北京的朋友打电话给我，说手上有几套景泰蓝的花瓶和盘子。这位朋友专门收藏清政府跟美国政府之间的来往文书，关于这些景泰蓝的物件只知道是和大白舰队来厦访问有关，相关的具体资料他没有，也不清楚，所以对这些景泰蓝的物件并不感兴趣。我有点担心是假的，因为从来没收过这类型的物件。好在我收藏过中国历代货币，对铜还挺有感觉，新仿造的铜和老铜是不一样的。仔细看这对景泰蓝花瓶，内部可以看到绿锈，说明这个年代已经很久了，摸瓶身感觉很润。因为是手工制品，所以总会有不一样的地方，每一个花瓶看起来图案相似，但细看纹路却不一样，如果是一样的那就不对了。当时我让朋友拍照片给我看，感觉这个东西不错，就问了价格，他开价一套 6 万元，这和保利拍卖的 25 万元比起来划算得很。起初，我只买了一套试水，发现是好东西，立马又汇款过去，总共买了三套。现在一套送给市博物馆，去年又送了一套给鼓浪屿申遗办，自己留了一套。

为什么这么多套景泰蓝的花瓶和盘子能在同一个人手上收到？有一次华侨大学的黄少谦教授到我家做客，我把实物和老照片给他看，他和我一起查找资料发现：当时八艘舰队的舰长中有一位舰长大概是要退休了，加上生病，就不想参加这次访问，总统请他再出这最后一趟任务，只需要负责带队，于是便来了。我看资料，清政府委托这位舰长把这些景泰蓝纪念品送给其他几位舰长，当时舰队被安排在厦大那边，我想应该是交通比较不方便，这位舰长只送出去一两套，剩下的都在他的手里，这是很有可能的。这些纪念品是清政府临时叫了很多北京做景泰蓝的师傅赶制的，时间紧，有些做得比较粗糙，来访的官员对我们送的这些东西不怎么感兴趣。

来厦访问过的舰队除了大白舰队，还有美国亚洲舰队，很奇怪，不知道为什么那个时候那么多舰队一直来厦门。美国亚洲舰队来的时候，看到厦门有白海豚感到很惊奇，为此特地印制了一批有白海豚图案的信封。像我手上这封是 1934 年 11 月 3 日下午从“黑鹰”号寄出的。这些信件上面贴的邮票，有的是纪念母亲节，有的是四百周年纪念，都有纪念意义，都有故事，很有意思。

既然说到船，那我想再讲讲另外一艘船——“厦门号”的故事。早在 1922 年之前，有一位外国人来到香港，爱上并娶了一位船主的女儿，后来全家移居厦门。他起初在海关工作，后来做了船长。1922 年，一家人驾驶一艘帆船，从厦门港出发，先到福州，再到上海，又到日本，再到美国。即便是我们现在的舰队去，有时候也会遇到风险，而这艘帆船还不是电动的，在当时能一路开到美国，很多人都感到稀奇，算得上是一个历史性事件。

我这里有一些关于“厦门号”的明信片。你看，这艘船就是当时的“厦门号”，一到美国，很多华人来参观。这么一艘破船能抗几级台风啊，确实不容易，我们一艘好船有时候都没法办到。这还有一艘小船，是到上海的。另外这张明信片是第一任船长、老婆和孩子，还有船员。这本杂志刊登了第二任船长一家的照片，这是他的老婆，还有三个孩子。这张则是到了美国纽约，一到岸上很多华人抱着孩子来参观。这有一张照片拍得非常清楚，“厦门号”一到美国纽约时的样子，一艘破船到了美国，很不容易。

如果去研究明信片里的每个东西，把它们联系起来做成一个系列，故事会很精彩。比方“厦门号”到了美国还碰上了些其他的事情，我这有一张当时的新闻稿，我让别人帮忙翻译，当时有人说他们贩卖毒品，其实不是的，是船上载的一种酒被美国的海防查了。后来第一任船长就把这艘船卖给了其中的一位船员。这本《“厦门号”的故事》是我从美国拍回来的，

“厦门号”（陈亚元供图）

“厦门号”船长和夫人、儿子以及全体船员（陈亚元供图）

作者就是这位船员，也就是第二任船长，他把第一任船长的爱情故事什么的集中写在这里面，这有他的签名。我的一个朋友徐露写了一篇《“厦门号”帆船，点燃美国的故事》，他把这本书翻译出来，写得很好。在这艘“厦门号”上，不仅有遇到风浪、遇到蛇之类的惊险情节，还有爱情故事，很有意思。

我这里还有很多资料，我也去研究过，但是用我在那个年代学的英语读起来很费劲，英语好的人就可以去翻译一些资料，这背后埋藏了丰富的故事。“厦门号”的故事有照片，有实物，把它做成专题，写成小说或者拍成电影，也许会有很多人爱看。

《“厦门号”的故事》封面（陈亚元供图）

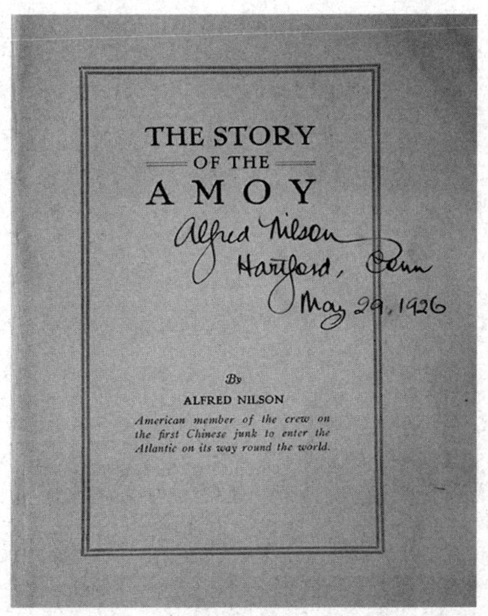

《“厦门号”的故事》扉页（陈亚元供图）

另外，如果要说沙坡尾的历史，疍民可以讲，这个“厦门号”也可以讲。我看记者龚小莞写的一篇文章，说这艘船是当地一个姓郑的船工造的。按道理沙坡尾那边可以办一个馆来细说“厦门号”，这是个多好的故事呀，可以大展特展，政府应该要重视。或者展览疍民文化也可以，展示他们怎么生活，怎么捕鱼，会有很多人喜欢看的。

以藏养藏，关于平衡收藏与生活的关系

20 世纪 80 年代的时候，厦门收藏界是以物易物的。比如你有乾隆通宝，我有康熙通宝，就可以互相换，可换了以后也有后悔的。“我东西给你，我那枚比较值钱，你那枚不值钱……”后来我总结出这样不行，还是用钱来交易。

当时没有微信什么的，说好了什么东西，北京、上海那边的藏家就

用挂号信把他的东西夹在信里面寄过来。当时的东西价值几十块钱甚至上百块，算是很贵，我们互相不认识，但是我们讲诚信，我需要的就拿下来，不需要的就退还给他。不像现在手机一操作就行了，又快又方便，那时候要到邮局排队汇款。从那个时候开始，我就很认真，买东西都很讲信誉。

收藏是很有意思的，像我有时候晚上睡不好，爬起来拿出纸币翻一翻，高兴得要命。虽然看起来和那些有钱人一样都在数钱，但是我这些钱是有故事的钱。

我也换过收藏的种类，很多像我这样玩收藏的刚入门的时候，包罗万象，什么都想收。但是，第一，太多太杂了收不好；第二，收藏要有经济基础，没有经济基础，再想买也没有办法。

我们收藏队伍有三种人：第一种人有钱，比如他赚了 100 万元，拿 30 万元出来不心疼。第二种人像我这样，就是以藏养藏。买东西有研究，有的是副品（品相不是很好的藏品，或重复的藏品），我认为别人需要，我买 100 元，别人出价 200 元，也就卖了。我也不会说不要钱了，这样有时候还可以赚钱，毕竟我们是工薪阶层，靠死工资，看到想要的东西就要想办法。第三种人就是为了收藏影响到家庭生活了，太过于执着。

收藏不能太痴迷。我们收藏的前辈、同行，有的到最后跟老婆离婚，因为他太痴迷了，过于执着，一直想把自己的这些东西壮大，但孩子要读书，爱人要化妆，你一直想要某件东西，一心想着某个系列要把它弄全，要呈现出我有这个东西，忽略了家庭，这样是不行的。我就吸取教训，有时候我赚了钱了，就喊：“老婆，今天赚钱了。”她很高兴，我也能继续玩收藏。

总之，玩收藏没有资金是不行的。我的侄子是“80后”的年轻人，也收藏一些厦门岛、鼓浪屿的老照片，我把很多朋友介绍给他。他现在玩老照片很有名，做得一流，政府也拿了一套房子给他去做展览。但我告诉他一定要有一个主业，要有一个工作，这样有经济基础玩收藏才不会累。

鼓浪屿船屋：我的家我的梦

口述人：黄孕西
采访人：吴奕纯
采访时间：2018年8、9月间
采访地点：鼓浪屿鼓新路48号船屋别墅、厦门前埔会展北里滨海名居

【口述人简介】

黄孕西，鼓浪屿人。1945年11月出生，厦门市第二医院原医师，1968年7月毕业于福建医学院医疗系，任胸外科专业主任医师。2006年11月退休，退休前为集美医院外科行政科主任、主任医师。曾获厦门市科技进步奖二等奖、厦门市卫生系统“林巧稚精神奖”等。

【背景资料】

船屋，位于鼓新路48号，建于1920年。由鼓浪屿救世医院院长、美国建筑师郁约翰（John Abraham Otte）设计（八卦楼的建筑师），是鼓浪屿年代最久远的别墅之一。船屋的宅基地位于坡顶，呈长三角形，在两条小巷夹缝的三角地，郁约翰把这栋房子特意造成一艘船的形状，房子左右立面的直角呈135°弧形斜角，上面开两排圆洞气窗，意味着海轮的驾驶台。造型如海轮甲板上的船舱，层层叠落，登三楼俯视，宛如一艘正待远航的海轮，所以得名“船屋”。建筑师匠心独具，用传统建筑手法，以中轴线为基准，左右展开，严谨对称。别墅楼高四层，以欧式风格为主，简洁明快，造型极富创意。地板采用罕见的宽条南洋楠木，家具多为酸枝木、红木等贵重木材，至今保存完好。是鼓浪屿最著名的风貌保护建筑，其中花园别致精巧，登高可眺望大海及厦门全景。鼓新路这一带是鼓浪屿最安静、最自然的地方，也是最有鼓浪屿味道的

街巷之一。历史沉淀了船屋的气质和独特韵味。

一、我一家三代都在鼓浪屿行医

我是鼓浪屿本地人，从祖辈到父辈，我们家五代人都曾居住在鼓浪屿这个美丽的小岛上。2014 年，因儿子、媳妇都在厦门岛内工作，孙女要上学，才搬出鼓浪屿，搬到厦门前埔滨海名居。

鼓浪屿是生我养我的地方。我曾经在这里生活、学习、工作了六十余年，在这个美丽的小岛上度过了童年和青少年时期最美好的时光。

我很幸运，大学毕业后分配到龙岩行医十年后，又回到了鼓浪屿，来到我的祖辈、父辈们工作过的厦门市第二医院（最早为“救世医院”）供职了二十多年，一直到退休。

虽然我已离开了鼓浪屿，但是鼓浪屿给我留下了太多难忘的记忆，我对鼓浪屿的记忆一直是那个宁静质朴、多元包容的小岛。我对那里的一草一木、一砖一瓦都特别有感情，那是渗透到骨子里的情感。周末、节假日我们一家还会经常回到鼓浪屿的老房子，我们的祖屋是人称“船屋”的别墅。

祖父黄大辟和祖母林添治（黄孕西供图）

注：祖父黄大辟，鼓浪屿“救世医院”全科医生，被称为“大辟仙”。

我的曾祖父黄和成是厦门中山路新街礼拜堂牧师。他有三个儿子，我祖父是老三，取名黄大辟。因为曾祖父是牧师，所以给孩子们取的名字都用《圣经》里人物的名字。我的祖父黄大辟的名字源自《圣经》里的“大卫（David）”，闽南话翻译就是“大辟”。

闽南白话文不同于我们旧版的拉丁文拼音，也不是英文拼音。以前，厦门有很多不识字的人只要学会白话文的拼音四声，就会看懂一种用简单的拼音直接读出的闽南话汉字，厦门人叫白话字。这种白话拼音后来流行到整个闽南地区，所以也叫闽南白话字。如今，教会里很多老人就是用这种闽南白话字拼音读《圣经》的。

我听长辈们说，也从资料上了解到，这种白话字叫教会罗马字，是19世纪时，一位名叫甘为霖（William Campbell）的传教士在福建厦门创造并推行的。这位传教士曾在中国住了40多年，常常与厦门人接触，学会了厦门话，就发明了这种闽南白话字拼音。他的初衷是传教，让外国人既能与厦门人沟通对话，又能让厦门人便于读懂《圣经》。

祖父黄大辟曾是鼓浪屿救世医院有名的全科医生。他的医术高明且医德高尚，老一辈的鼓浪屿人都认识我祖父，称他为“大辟仙”。只要一说“大辟仙”，就知道是救世医院的全科医生。

我祖父是原鼓浪屿救世医院院长、美籍荷兰人郁约翰先生的学生。我听长辈们说，郁约翰先生出生于荷兰，后来随父母移民美国，加入了美国籍。他毕业于荷兰乌得勒支大学和美国密歇根州立大学，攻读土木建筑和医学专业，获得美国密歇根州立大学医学博士学位。郁约翰先生是随美国归正教来鼓浪屿传教的，他很聪明，来鼓浪屿后很快就学会了闽南话。随后，被派往漳州平和小溪镇，在那里参与创建了小溪救世医院，并救治了大量中国病人。后来，美国归正会计划在厦门建一所医院，就让郁约翰先生负责这个事情。于是，他又被派到鼓浪屿，创建救世医院并担任首任院长、董事。为建立医院，郁约翰先生曾筹集了一笔近万元的资金，在鼓浪屿河仔下买了一块地，作为医院的地址。

郁约翰先生（黄孕西供图）

救世医院是厦门第一所正规的西医院，也是原鼓浪屿医院、厦门市第二医院的前身，院址设在鼓浪屿鼓新路 68—80 号河仔下，就是现今鼓浪屿故宫博物院所在地。因为这个地方离居民区远近适中，又面对厦门市区，涨潮时三面环水，环境既干净又清幽，十分有利于治疗和休养。

鼓浪屿救世医院的医疗设备在当时是十分先进的，技术力量也很全面，医疗水平很高，在闽南地区属于屈指可数的一流医院。医院不仅设有诊室、透视室、化验室、药房、住院病房，设施一应俱全，还附设小礼拜堂、食堂、厨房等。当时救世医院是抱着“济世救人”的理念，不分信仰和贫富贵贱，为所有病人服务。郁约翰先生虽然担任院长，但常常要亲自主持外科手术。许多疑难病症，经他救治都转危为安。他不仅医术精湛，而且待人和善，常常为穷苦人免除所有看病费用。所以，他声名远播。鼓浪屿和厦门岛，甚至厦门周边的漳州地区一些重症病人，常常要被辗转送到救世医院，请郁约翰先生主刀救治。还有更远的，甚至来自东南亚的马尼拉、仰光等地的华人，也想方设法地来鼓浪屿找郁约翰先生治病。据英国传教士塞舌尔·包罗（Cecil A.V.Bowra）记述："到1906年底，（救世医院）已治疗病人85758人次，完成手术4865例，在医院培训了21名医疗学生。"

郁约翰先生（左二）在手术室指导学生做手术（黄孕西供图）

小时候，我曾收藏了一个救世医院的便盆，是用不锈钢制造的。当时，不锈钢是十分稀罕的，我因好奇这种便盆竟然不会生锈，便偷偷地把它收藏了下来。后来，因"文革"几次搬家而丢失了。至今想起来，救世医院在一百多年前，连便盆都是用不锈钢制造的，可见其他医疗设备应该更是先进、精密的。

创办于1898年的救世医院（黄孕西供图）

我曾看到2016年3月9日《厦门日报》一篇题目是《传教士郁约翰创办鼓浪屿救世医院　被称闽南西医“黄埔军校”》的文章，其中写道：

郁约翰以及救世医院主要的贡献并不仅仅是在当时救助了多少贫苦人民，在推动西医在闽南地区的传播上，其所做的贡献更为醒目。通过半医半学的方式，救世医院培养了一大批中国现代西医人才，这些人才日后大都成为闽南西医主要的传承者和发扬者。从这点上看，救世医院堪称闽南西医的“黄埔军校”。

救世医院1900年至1932年间附设医学专科学校，学制五年，校长由历任院长兼任。学生大部分来自鼓浪屿寻源中学，学习科目包括物理、化学、胚胎学、组织学、生理学、解剖学、内科、外科、眼科、妇产科、小儿科、皮肤科、检验科等。1926年，救世医院还开办了护士学校，兼办助产学校，总共招收22届，毕业160人，这也是闽南地区最早开设的护士学校。

厦门文史专家李启宇等著的《鼓浪屿史话》一书中，也曾写到鼓浪屿救世医院：

> **为传播西医的种子，1900—1932 年，救世医院附设医学专科学校，学制五年。郁约翰在世时，每周花 9 个小时给学生上课。他早期的学生陈天恩、黄大辟等后来成为闽南地区的一代名医。**

从医院开办到郁约翰去世，12 年来救世医院共收治了 17000 多名住院病人，135000 多位门诊病人，做过 7500 多例手术。

郁约翰去世后，救世医院在院内小礼拜堂设立了郁约翰纪念堂。他的学生陈天恩、黄大辟等在礼拜堂南侧前造塔镌碑，以纪其功。其中一句“石可泐，骨可朽，先生功德不可没”概括了郁约翰对鼓浪屿的贡献。

我的祖父是郁约翰先生最得意和最有成就的学生之一。他的脑子灵活，聪明好学，又是郁约翰先生很得力的助手。郁约翰先生出诊，祖父经常跟随；医院遇到危重病人手术，郁约翰先生都叫祖父当助手。

我记忆中的祖父是一位十分有威严的人，话不多，很少跟我们交谈。除了行医之外，他还有很多社会活动，特别是教会的活动，他更为热心，厦门中山路的新街礼拜堂就是我祖父负责建造的。我记得工程最忙的时候，祖父每天清晨就要出发了，从鼓浪屿三丘田码头雇舢板船，就是那种摇橹船，船工用桨一摇一摇地划到厦门岛。晚上，祖父再从厦门岛乘摇橹船回到鼓浪屿。以前鼓浪屿与厦门岛的联系就是乘摇橹船，遇到风大浪高时，还是很危险的。我曾乘过这种摇橹船到厦门岛，一趟航行都要半个多小时。

我的祖父医术高明，在鼓浪屿名气也很大。岛上居民生病了，经常请他出诊。鼓浪屿有不少房子建在半山上，坡度大，骑不了自行车，为了赶在第一时间到病人家中，祖父学会了骑马，我家“船屋”的后面小矮房就有马厩。半夜三更我们听到马房声响，就知道祖父要出诊了。祖母听到马蹄声由远及近，就知道祖父出诊回来了。再后来，不再骑马了，就改为坐轿子。我祖父能力很强，很有商业头脑，他曾在鼓浪屿买了四五栋房子，后来因战乱而先后卖掉了，只留下一栋别墅，因房子造型像一艘船，鼓浪屿人都叫这栋别墅为“船屋”。

我的父亲黄祯德是上海圣约翰大学医学院毕业的医学博士。从医学院一毕业，他便来到救世医院工作，任五官科医生。1948 年，我父亲便担任了救世医院的院长。他是救世医院的第一任华人院长，也是唯一的华人院长。

祖父母的全家照（前排左三黄大辟，后排左二黄祯德）（黄孕西供图）

父亲是著名的五官科专家，为人严谨，性格温和，凡是与他共事过的医生护士都称赞他医术高超、医德好，从来没有见过他和任何人红过脸，吵过嘴，在医院的口碑是一流的。父亲任院长二十多年，勤勤恳恳、兢兢业业，很有威信。

记得厦门岛临解放时，我们住在鼓浪屿，也都能听到厦门岛上传来的枪炮声。祖父祖母整日忧心忡忡，担心时局动乱，儿孙生命有危险，准备带全家人到香港。我的祖父育有九个儿女，只有我父亲一人留在鼓浪屿。叔叔、姑姑们很早就离开鼓浪屿，有到东南亚的，也有到加拿大、美国的，其中有一个姑姑和一个叔叔在香港定居。祖父祖母看到时局不稳，便要带我们一家大大小小十几口人，到香港投奔姑姑叔叔们。

那一年，祖父祖母都已七十多岁了，他们很希望父亲跟全家人一起离开鼓浪屿出去避难。但是，父亲是救世医院院长，他舍不得离开创建多年的医院，更怕医院毁于战火。为了保护医院，父亲思考再三，决定不走，自己一人留在鼓浪屿。我听祖父祖母说，因为父亲迟迟下不了决心，航班一直无法确定，船票也就预订不了。那个时候，全家早已整装待发，只要父亲做出决定，答应离开，就可以马上动身。但是，大家等了一天又一天，等到只剩下最后一个开往香港的航班了，再不离开就没有机会了。无奈之下，祖父只好果断地带着我们几个，离开鼓浪屿，前往香港。

我很佩服父亲的胆识，更能理解父亲当时为何在“走”和“留”二者之间犹豫不决，难以做出选择的复杂心情。因为当时一边是古稀之年的老父亲老母亲，还有妻子、幼小的儿女要远行，作为儿子、丈夫，不能为父母亲、为妻子分忧；而父亲另一边则身为院长，在战乱当中，肩负重责，又怎能逃之夭夭？自古忠孝难以两全！父亲思考了好多天，但最终还是下了最大决心，以大局为重，坚持留了下来，准备与医院共存亡。

记得1949年10月初，我们乘坐的最后一班开往香港的客轮缓缓地离开鼓浪屿时，耳边还能听到密集的枪炮声。当轮船即将进入外海时，突然一颗炮弹打到船舱上，大家一片惊慌，四处逃避。幸好打进来的是一颗

父母亲的结婚照（黄孕西供图）

哑弹，落到船舱后并没有爆炸。后来，我们听说是解放军已进入厦门岛上，看到轮船驶向外海，以为是溃退的国民党官兵要逃走，呼喊未果，便开炮了。经历了一场虚惊，我们乘坐的客轮终于顺利地驶向香港。

我们在香港生活了一年，一直都和父亲保持联系。再后来，听说厦门解放了，战火平息了，和平了，父亲也安然无恙。祖父后来去世了，1951 年，母亲便带着我们姐弟四人（哥哥未回国）回到了厦门，回到了鼓浪屿，与父亲团聚。祖母没有随同回来，留在香港姑姑、叔叔家中。

厦门解放前夕，父亲坚持留了下来，不仅保护了救世医院，把医院完好无损地交给了共产党和人民政府，而且在战火纷飞中带领医院的全体医务人员发扬了人道主义精神，救治了不少伤病员，为中华人民共和国的建立做出了贡献。父亲保护医院有功，中华人民共和国成立后，党和人民政府没有忘记他，让他继续担任救世医院院长。1951 年，救世医院由政府接办，与鼓浪屿医院合并为厦门市第二医院，父亲仍然担任厦门市第二医院院长，还被选为厦门市政协委员、厦门市人大代表。在当时，父亲工资待遇也很高，院长工资每月 270 元，养活我们 6 个人。这个级别的工资待遇在厦门为数不多。

“文革”十年，父亲受到了很大冲击，遭受不公正的批斗，被关押一年多，直到 1972 年才得以平反，但身体已大不如前，1977 年去世，享年 74 岁。

我们家与鼓浪屿救世医院有着极深的渊源。母亲吕秀美也在救世医院工作，是救世医院的护士长。她与父亲是在救世医院相识相爱而结为夫妻的。我们有五个兄弟姐妹，三男二女。我排行第四，有两个姐姐、一个哥哥、一个弟弟。我们兄弟姐妹五人，就有三个人是学医的。大姐和二姐也都是医生，大姐在省立医院当内科医生，二姐先在福州军区总院工作，后调到厦门当医生。大哥在美国，是当地美中友好协会副会长，弟弟在香港经商。

从我懂事后，母亲就辞了在医院的工作，料理家务，当起了全职太太。

小时候，我们就住在救世医院的宿舍。1951 年，母亲带着我们兄弟姐妹从香港回到鼓浪屿。当时，父亲担任院长，工作非常忙，为了便于工作，我们就住在医院宿舍。

救世医院病房楼呈“n”形，整体外廊风格，主体均为两层。我们家就在病房旁边，与病房只有一墙之隔。当时，我经常与同住在医院宿舍的小伙伴们在医院走廊到处溜达，还跑到病房与病人玩耍。那时候，也许是年纪小，也许是父亲母亲都是医护人员的缘故，我对医院一点也不害怕，从未有过恐惧感。也正因为我从小在医院的环境里长大，为我今后当医生奠定了基础，我与病人接触都觉得很自然。在医院宿舍住了将近五年，1955 年，我们搬回黄家的祖屋，就是鼓浪屿人称“船屋”的别墅居住。

父亲黄祯德与母亲吕秀美的合影（黄孕西供图）

1963 年，我高中毕业后，考上福建医学院（现为福建医科大学），毕业后当上了一名医生，继承了父业。

1968 年大学毕业，我被分配到龙岩地区永定县大溪公社卫生院。那几年，大学毕业生大部分被分配到军垦农场或到山区插队，接受再教育。而医学院的毕业生不必到农场，也不要插队，全部直接分配工作。但是，不能分配到县城一级以上的正规医院，而是全部安排到公社的卫生院。

当时，大溪公社到县城还要乘坐两个多小时的汽车，山路崎岖，蜿蜒起伏。山区缺医少药，农民的生活十分艰苦。公社卫生院极为简陋，谈不上医疗条件，更没有任何医疗设备。我在那里工作了三年，后来调到湖坑中心医院。这所医院的条件比大溪卫生院相对好一些，也分配了几位医学院毕业的医生，还算有点规模。当地老百姓说，这是湖坑中心医院最辉煌的时期。

我爱人曾沐真也是在鼓浪屿长大的，我们都是厦门二中毕业的。她1970年从四川大学外语系毕业后，被分配到四川军垦农场。1972年我们结婚后，我爱人从四川调回福建，来到永定湖坑中学，当了中学老师。1978年，我爱人调回厦门，先是在集美师专当老师，之后调到厦门一中。1979年年底，我告别工作了十年的龙岩永定，调回到鼓浪屿，来到我的祖父和父亲曾经工作过的厦门市第二医院工作。

到厦门市第二医院后，我任外科医师。能到父辈们行医过的医院当一名医生是我的荣幸，我的心情特别激动。祖父、父亲精湛的医术、善良的品德是我学习的榜样，他们对医术精益求精、恪守职业道德的精神激励着我，时时鞭策着我去认真钻研业务。

经过几年的努力，我在胸外微创治疗方面积累了丰富的临床经验。在福建省内，我率先开展了胸腔镜微创胸内多种疾病治疗手术，还开展了首例胸内交感神经链部分切除治疗手汗症。在厦门市内，我创造了两个首例手术：用激光治疗支气管严重狭窄手术和支气管成型肺叶切除术。2000年，我被评上主任医师，被选上中华医学会福建省胸心外科学术委员会委员，中华医学会厦门市胸心外科委员会副主任委员，担任了十年的外科主任。

二、船屋，是祖辈留给我们的珍贵遗产

鼓浪屿船屋，是我的老家、黄家的祖屋。从轮渡码头往三丘田方向差不多一百米，进入鼓新路斜坡，或者从鼓新路往西走，就可以看到一栋建在坡顶，造型很像一艘正待出海航行的轮船的别墅。因为它造型像船，所以老鼓浪屿人都叫它船屋，是鼓浪屿最古老的别墅之一，已有一百多年历史。

鼓新路船屋（黄孕西供图）

船屋的设计者就是鼓浪屿救世医院的美国籍荷兰人、原院长郁约翰先生。郁约翰先生不仅是一位医学博士、著名的外科医生，还是一位造诣很深的建筑设计师。鼓浪屿的标志性建筑之一、厦门近代建筑的代表作八卦楼，就是郁约翰先生设计的。八卦楼融合了东西方建筑文化的多种元素，正是我祖父喜欢的。

1920 年，我祖父有一块鼓浪屿的宅基地位于鼓新路坡顶，占地面积

约 400 平方米。祖父很想在这块宅基地上建造一座别墅，但是宅基地处在两条小巷夹缝的三角地带，很难建造出规整的别墅。祖父立刻想到请他的老师郁约翰先生担任设计师。我祖父黄大辟与郁约翰先生两个人的交情颇深。当郁约翰先生得知我祖父拟建别墅的想法之后，二话不说，欣然答应了。

祖父带了郁约翰先生到现场勘察后，郁约翰先生萌发了大胆、奇特的构想，他告诉祖父，因为基地呈长三角形，应该结合地形的特点，把它设计成一艘航船。祖父也是一位颇有超前思维的人，郁约翰先生的设计思路立刻得到祖父的认同，于是按照郁约翰先生的设计，立即着手建造。

为了使别墅更像一艘海轮，郁约翰先生特意把别墅左右的直角墙体砌成 135° 弧形角，并在设计的别墅主体建筑上面开了两排圆形通气窗，使之更像轮船的驾驶台，人们远远地看到它，就会联想到那是一艘即将远航的海轮。小时候，我常常爬到三楼的“驾驶台”的小房间，一种海轮航行的感觉油然而生。有时，我还会偷偷地登上“驾驶台”顶部，就是屋顶。站在船屋最高处，视野特别开阔。蓝天白云，我仿佛置身于浩渺无垠的大海之中，鹭江海峡的美景一览无遗。我看到碧波大海上往来穿梭的航船，海面上自由飞翔的海鸥，心情舒畅、惬意极了！

船屋分为前院、主体楼房和后院平房。从外观上看，前院犹如船头甲板。院子里有一口井，井水特别甘甜。从有船屋开始，我的父辈们饮用、洗漱所用的水全靠这口井。一年四季，井水从未干枯。以前，我们家在井边架设了一个类似北方打水的轱辘的装置，现在，我们改用抽水设备。前院种的花草树木、饲养的观赏锦鲤，都是用这口井水。

如今，别墅改为家庭旅馆，仍然使用这口井水。前几年，我曾提取了水样到检测中心化验，检验结果不仅各项指标合格，而且还高于标准，接近矿泉水。难怪用这口古井的水泡茶，特别甘甜。

船屋虽然已建造一百多年，但是很多设施、物件至今依然可以使用。

船屋两扇黑色铸铁的大铁门，十分牢固结实。自从建了船屋，就用了这两扇大铁门。还有，楼房的栏杆也是一百多年前的。我们多次维修，也只是重新油漆一下而已。主楼的楼梯使用了一百多年，木头还完好如初。一楼的地板砖也还是当年铺的红砖，颜色还是那么鲜艳红亮。窗户的设计也是很精致，很讲究。窗户不是直角的，而是弧形的，侧面还有一个小窗，所以采光很好。百叶窗依然可以用，连窗户的铁钩、栏杆也都是镀锌的。一百多年前的电镀很好，至今都没有生锈。

我祖父是位很有远见、很前卫、很时尚的人。当初建造船屋时，就采用了许多西方的先进理念。比如，一楼、二楼都有四房一厅，设有卫生间、厨房等。每层楼设有浴室，有淋浴的和瓷砖铺的浴缸，洗澡都用上了冷热水；卫生间里，有抽水马桶、洗漱台、镜子等。一百多年前，在鼓浪屿带有卫生间的房屋为数不多，许多别墅建造时没有考虑到这么多细节，给生活带来诸多不便。

船屋，是祖辈留给我们的珍贵遗产。为了守护老宅，保护船屋的原貌，一百年来，船屋历经八次大修，小修更是不断。每次修理，都会发现百年老屋有许多令人惊叹的地方。比如，2005 年大修时，拆下来的砖头还可以看到印有“黄记”字样。一些水龙头、门锁、门闩、插座、抽水马桶也都还可以使用。

前些年，我们兄弟将船屋部分房间改造成了高品位的家庭旅馆。给每个房间取了名字，全都是以船上人员岗位命名的，如“船长舱”“大副舱”“二副舱”等，原来的马厩改造成一排的“水手舱”。我们把家庭旅馆的收入当作船屋每年的维修、维护费用，这叫以别墅养别墅，让人们体验百年前居住船屋的生活，与我们共享祖辈留下的珍贵遗产。

如今，我们保留了二楼以上的所有房间，作为家族聚会的地方。二楼的房间依然保留原样，主卧室是祖父母原先居住的，墙上悬挂了他们的画像；侧卧是我父母亲的房间，也悬挂着他们的画像。其他几间，留着海外的亲属们回来住宿怀旧用的。大厅有一架莫尔钢琴，每逢周末，亲朋好友相约聚会，我们便在这里举行自由式的家庭音乐会或音乐沙龙。鼓浪屿的第一个家庭音乐会就是在我家举行的。

1988 年，美国驻华使馆的文化参赞、钢琴家丹顿访问鼓浪屿时，要求举行正规的家庭音乐会，接待部门就选定我们船屋为音乐会现场。我儿子黄哲威，厦门合道工程设计集团副总建筑师，小时候学了钢琴，曾多次在钢琴比赛中获奖；我大姐的儿子女儿、二姐的女儿都是学音乐的，还是厦门一些合唱团的伴奏。每次家庭音乐会，他们都大显身手，有的钢琴伴奏，有的拉小提琴，有的唱歌，气氛活跃。那一次，丹顿听了我们家音乐会的弹奏演唱后，高兴地说："这是我在中国第一次参加如此美妙、如此和谐的家庭音乐会。"此后，我们在这里举行过多次家庭音乐会来接待外宾和港台客人，其中包括乌干达文化部部长和香港亚视、台湾华视的客人。1997 年正月初三日，中央电视台《新闻联播》的家庭音乐会就是在我们船屋举行的。

在鼓浪屿的老别墅里举办音乐沙龙，原是老鼓浪屿人日常生活的一部分，音乐是我们精神家园中很重要的部分。我想通过音乐，让这种音乐文化传承下去，不要断代。

我虽然搬出鼓浪屿，但对鼓浪屿的情感始终难舍。鼓浪屿虽然是个小岛，但麻雀虽小，五脏俱全。以前，岛上各种店铺都有，如旅社、餐饮、理发、布店、裁缝，连修鞋的都有。小时候买新衣、新鞋，都要现场量身定制，一件新衣要等一个星期才能拿到。还有小贩的吆喝声，都深深地印记在他的脑海里。如今，鼓浪屿申遗成功了，但更要注意保护岛上珍贵的历史文物、遗迹。船屋，是祖辈留给我们的珍贵遗产，把它保护好了，也是在保护我们鼓浪屿的遗产。

鼓浪屿、厦大，不可忽视的渊缘

口述人：董启农

采访人：廖华

采访时间：2018年9—10月

采访地点：鼓浪屿董启农工作室

【口述人简介】

董启农，鼓浪屿家庭旅馆商家协会会长，鼓浪屿景区志愿者协会会长和人民调解委员会主任，鼓浪屿花藤蜗居旅馆、阳山尊府旅馆和菜园子餐厅董事长，1948年出生于台湾，4岁起生活在鼓浪屿上，至今已有66个年头。董启农的人生经历与国家命运高度契合，他在鼓浪屿上的岁月起起伏伏，“黑五类”子女遭坎坷，上山下乡当知青，返城后在厦门大学工作20多年，于科研项目及实践中取得了“蜗牛大王”的响亮名称，改革开放后又跨界搞多种经营，发展事业。然在这丰富、繁忙的工作中，董启农未失去文人本色，出于对鼓浪屿的热爱，了解鼓浪屿、研究鼓浪屿、抒写鼓浪屿，成为“鼓浪屿人文历史”“鼓浪屿申遗和世遗保护”的资深讲述者和公益传播者，在2018年11月初，被中共厦门市委宣传部授予“厦门市优秀宣讲员”荣誉证书。在研究和切身感受中，他发现鼓浪屿和厦门大学之间有着千丝万缕的关系，厦大对鼓浪屿的人文气质和环境氛围的塑造有着举足轻重、不容小觑的影响。蜚声中外的鼓浪屿有着超凡脱俗的气质，有着浓厚的人文氛围，虽然离不开西方文化的浸润和华侨商贾的巨资打造，其中也有着厦门大学近百年100多位教授、教师们的思想影响。这，也是一种有价值的发现。

我家搬到鼓浪屿到现在我孙子是第五代了。我父母都是福建仙游人，那为什么说我是老鼓浪屿人呢？这说起来有点故事。我出生在台湾，成长在鼓浪屿。但我家与鼓浪屿的渊源很深，我家祖籍仙游，我的外公叫张华德，他在20世纪初的时候就来到鼓浪屿，在鼓浪屿上的交通银行工作，从提壶端水的学徒一直干到主办会计。外公非常勤奋好学，能双手打算盘，有时一手打，一手复验，银行的业务非常熟。到了20世纪30年代初，国民党十九路军入闽后，看到我外公银行财务业务很熟练，就请他到部队中当军需副官，管财务方面的事。后来闽变失败，蔡廷锴、蒋光鼐撤离到香港去了，我外公才回到老家，之后郁郁寡欢，50岁就过世了，留下孤儿寡母。我母亲在老家读书，后来通过自己的努力当了小学教师，在老家教书。

我的祖父家在仙游的钟山镇，就在麦斜岩的山脚下。1930年年底，我们的革命前辈邓子恢、罗迎祥在闽中戴云山脉组建了中国工农红军一〇八团，这里是革命老区。我父亲叫董福相，当时才十四岁，就参加了革命，当时叫“少共”或者“红小鬼”。后来工农红军一〇八团改编为闽中游击队，就一直在这一带打游击。直到抗战胜利的那一年，当时福建在泉州办了一所国立海疆大学，主要是培养抗战胜利后到台湾全面接管的人员。1945—1947年，我父亲在这里读了两年书，他的老师黄寿祺是非常有名的文学大师。我母亲张玉姐是仙游兴泰山区第一位女大学生，她也读海疆大学，他们在这里相识结合，读完后一起去了台湾。我父亲在台湾高雄冈山镇的冈山中学，现在叫冈山高级中学教书。为什么在冈山？因为那里有国民党最大的空军基地，在这之前是日本的空军基地，抗战时被盟军摧毁掉，抗战胜利后重建，成为国民党的空军基地，直到现在还是。当时冈山中学的学生很多是空军基地人员的子弟，我父母就以教书这个职业做掩护，收集情报，是共产党潜伏在台湾隐蔽战线的地下工作者。我父母 1947 年去台湾工作，1948 年 5 月端午节我出生在冈山中学的教工宿舍。

当时父母都在这里教文史课程，他们教得很好。到了 1949 年 5 月，我父亲地下党的上级，名叫基群(江苏连云港人)，他告诉我父亲赶紧撤离，因为国民党特务已经盯上了我们这个地下组织，他自己也要撤离。接到命令后，我父母什么东西都没带，抱着我连夜撤离。在撤离的时候，我父亲还将他的身份证给了基群，因为基群的身份证已经被没收了。我父亲没有了身份证就很麻烦，当时国民党军警查得很紧，他只好跑到台中布袋港码头装成瞎子混在盲人乞丐中宿了一个晚上，躲过了军警的盘查。我母亲有身份证，带着我在台中码头客运站待了一夜，第二天父亲和母亲会合，抱着我乘货轮回到大陆，下船地点是在莆田三江口港口。到了三江口后我母亲就抱着我回老家，我父亲马上归队闽中游击队黄国璋、刘佐周部下，不久就加入解放泉州和厦门的队伍中。

厦门解放后，我父亲在厦门市军管会文教秘书处工作，他还担任过厦门新华印刷厂的第一任厂长，因为这个印刷厂是军管会管的，负责印刷军管会的一些东西。1950 年年初，我母亲先来厦门，之后我外婆带着我也过来了。母亲来到厦门后还是干本行，在大同中学当老师，那时一家人住在厦门岛上。

到了 1952 年，市政府派我父亲来接管位于鼓浪屿的中山图书馆。中山图书馆原先是张圣才、李芳洲、许祖义等鼓浪屿名流办的，后来因为侨汇断了，没有经费难以为继，只好把图书馆交给政府公办。我父亲就代表政府来接管，成为第一任公办中山图书馆负责人，那时还没有馆长之说。从这时起，我们一家就正式住到鼓浪屿了，一直到现在。上岛后，我们一开始住在中山图书馆旧址，就是日光岩下的一栋三层小洋楼，李芳洲家的隔壁。后来中山图书馆搬到体育场边上的新址，这栋楼就给了海关做宿舍，我家也随之搬到市场路 86 号，一直到现在。

1958 年，我父亲的政治生涯遇到了重大挫折。当时，曾经的闽中南地下党、闽中游击队成员遭受反地方主义审查，他们被打成“地方主义反党集团”，被搞了一系列冤假错案，我父亲作为“地方主义分子”被开除党籍，开除公职，遣送回老家，直到 1979 年才平反。还好我母亲在厦门第二中学当老师，她历史教得很好，是二中历史教研组组长，还是厦门中学校际历史教研组组长。她是新中国成立初的四级教师，工资比较高，一九五几年时就是 90 多元。我父亲回老家后，两地分居，母亲就靠她的工资把我和妹妹张红抚养起来。“文革”后，情况有所好转，我父亲的户口又迁到鼓浪屿。1979 年，父亲蒙冤受屈 21 年后恢复党籍、恢复公职，享受地专级离休干部待遇，我们一家又在鼓浪屿团圆。风风雨雨几十年，

董启农和他的父母（董启农供图）

我父亲在2005年以89岁高龄去世。

我4岁时来到鼓浪屿，之后就一直生活在岛上，幼儿园、小学、中学都在这里读。我读的幼儿园是日光幼儿园，也是中国第一所幼儿园；小学是厦师附小，现在叫人民小学；中学是厦门第二中学。我1967年高中毕业，1969年作为知青上山下乡到永定，1971年10月招工回来。这很不容易，父亲那时还没平反，我是作为可以被教育好的子女招回来的，所以同一批回来被招到厦门大学的知青，大多到各系、各实验室工作，而我被分到最艰苦的岗位当工人。我当时被分配到厦大基建处当木工，所以我会做木工。一年后，因为我会写文章，还会广播、电影放映什么的，被调到厦大宣传部。到了1977年恢复高考的时候，我和妹妹同时参加高考，我的分数不低，但是妹妹考得更棒。她当时的作文99分，被当作福建省高考作文的标准卷。由于成绩突出，妹妹作为可以教育好的子女被招到了厦门大学中文系。当时像我们这样的家庭能录取一个都是破例了，所以我没能上。后来我又考，虽然考上了，还是因为家庭的原因政审不过关，只能读厦门大学的夜大，不过是带薪读书。在厦大的夜大读了四年理工科，当了四年的班长。毕业后我的工作身份由工人编制转为干部编制，分配到厦大海洋系，开始了科研、教学的工作，在海洋系一干就是十年。前后算起来，我在厦大工作了二十二年，这当中与很多老教授一起工作，在他们身边学到了很多东西。我的兴趣比较广泛，也想多学些知识，厦大有这样优越的环境，那时候在厦大，很多课可以随便听。我只要有空，就去听听课，与学生老师们打交道，所以在学习的同时，也认识了很多老教授。

作为一个鼓浪屿人和厦大人，现在又是鼓浪屿的社区工作者，我很想说一说的是鼓浪屿与厦门大学的不可忽视的历史渊源和互相的影响。

我认为鼓浪屿和厦大有着非常深厚的渊源和千丝万缕的关系。鼓浪屿现在叫作历史国际社区，这跟岛上曾经有过 13 个外国领事馆或代办机构、有许多的教堂、有过许多的外国人在这里住过有直接的关系。岛上有各种风格的建筑物，人称“万国建筑博物馆”，这是可以直接看得到的。鼓浪屿蕴含的非常独特的人文气质是长久积淀下来的和难以模仿的，这又是怎么形成的呢？我认为有几个因素，首先，鼓浪屿上的华侨特别多。在 20 世纪二三十年代时鼓浪屿被叫作万国租借地，在工部局管理下，引进西方社区管理模式，在当时兵荒马乱的时期——国外刚刚经历第一次世界大战，国内又有辛亥革命、北伐战争军阀混战等——在各种纷飞的战火中，海上小岛鼓浪屿则相对平静，像一个伊甸园一样保持着一种祥和安宁的状态，有点世外桃源的感觉。所以许多华侨就纷至沓来，在岛上安置下来，当时最多的时候盖了 1200 多栋楼房，各式各样的别墅都有，就形成了国际社区万国建筑博览。

当时很多厦大的教授也住在鼓浪屿上，为什么呢？这是有缘故的。1921 年陈嘉庚创办了厦门大学，在创办初期，校主陈嘉庚聘请的第一任校长叫邓萃英。那时厦大刚刚创办，非常简陋，到处是农田，邓萃英很失望，干了一个月就辞职了。后来，陈嘉庚又请来林文庆当校长，为什么会请到林文庆呢？因为陈嘉庚与孙中山的关系很好，陈嘉庚资助过同盟会，而林文庆也是同盟会会员，还是孙中山的私人医生，就这样陈嘉庚把林文庆从孙中山身边要了过来。其实陈嘉庚与林文庆的私交也很好，当时厦大有医学院，林文庆既是医学博士，也是教育家，请他来是非常适合的。林文庆从 1921 年一直干到 1938 年厦门沦陷之前。因为 1937 年抗战全面爆发后，侨汇都断掉了，当时陈嘉庚先生的经济也很拮据，只好把厦门大学交给国民政府接管，国民政府就派了萨本栋来当校长，在厦门大学当了

17年校长的林文庆就走了，到新加坡去了。

林文庆的家就在鼓浪屿上，是笔架山5号的一栋别墅。林文庆虽远走南洋，但他心中对厦门大学的牵挂从没断过，他在新加坡去世之前留下遗嘱，把自己这栋依山而建的花园别墅整个捐赠给厦门大学，所以这栋别墅的产权之后一直是属于厦大的。不仅如此，他还把他的遗产的60%捐给厦门大学，所以厦大后来在芙蓉湖旁为他竖起了一座塑像缅怀他、纪念他。虽然林文庆在个人历史上有过一些争议，但是他终究是一个教育家、科学家，他非常热爱教育事业，热爱厦门大学，这一点毋庸置疑，对厦大他是有大贡献的。在鼓浪屿建别墅，他的资金没问题，林文庆是有钱的。他是英国爱丁堡大学的医学博士，也是鼓浪屿救世医院的大医生，所以有能力盖起这栋楼。他们家是医学世家，他儿子林可胜也是医生，同为爱丁堡大学的医学博士，还曾经当过美国科学院的院士。林可胜在中国的抗日战争中是中国红十字会救护总队创办人，也是军医学的奠基人，他对中国的医学事业尤其是军医学有过很大贡献。在有关中国抗日战争的书中称“其功甚伟也”，他小时候就住在这栋别墅里。林可胜曾在北京协和医学院当过三人领导小组成员之一，相当于学院的院长，他跟同是鼓浪屿人的林巧稚关系非常好，那时林巧稚是这个学院的学生。有传说他们两人还是初恋情人，但是否真的，也搞不清楚，但感情很好是真的，至少犹如兄妹关系。说回林文庆，他的太太过世了，他取了续弦，名叫殷碧霞，是殷承宗的姑妈。林文庆和殷碧霞都会弹钢琴，鼓浪屿第一台史迪威三角钢琴就在林文庆家，殷承宗小时候学弹钢琴就是在他家学的。

1937年，抗战全面爆发。1938年5月10日，厦门沦陷，这之后厦门也是兵荒马乱，厦门大学就搬到相对安静的鼓浪屿办学，地点就在八卦楼、英华中学这一带，利用这里的校舍上课。厦门沦陷时，鼓浪屿还属于工部局管理，英美与日本还没宣战，所以鼓浪屿还没乱，从以下这个史实可以看得出来：1938年5月10日那天，厦门有12.8万名的难民跑到鼓浪屿上来，很惊人啊，当时整个厦门岛只有17万人，居然就跑了2／3的人过来。那时候鼓浪屿上本身大概有2.5万~3万人，岛上有二三十家工厂，内厝澳是工厂区。令人感动的是，虽然难民非常多，但是岛上所有的居民，家家户户都敞开自家大门，让亲戚朋友或不认识的人住进来，所有的宗教组织，基督教、天主教、佛教、道教等都出来救济难民，工部局也在黄家渡那边搭盖了一片难民营。岛上两家罐头厂，一家兆和罐头厂、一家淘化大同罐头厂开足马力煮稀饭，一天供应难民两餐稀饭。那时岛上能吃的东西基本上都吃光了，后来也从厦门岛运一些粮食蔬菜过来。到年底，鼓浪屿上大概还剩近4万名难民，因为人陆陆续续走了，有的往内地去了，比如龙海、泉州等地，有的往海外去了。

1938年5月厦门沦陷后，厦门大学师生转移到鼓浪屿上课，没多久，大概只有几个月，就内迁到闽西长汀上课了，在山区里继续办学。抗战胜利后，1945年厦大师生又迁回厦门，当时学生只有几百人。刚回来时仍旧是借八卦楼、英华中学校舍让学生上课，位于南普陀旁的厦门大学本部满目疮痍。日据时，日本兵营设在这里，还有很多日本人的家眷也都住在那里。根据史料记载，那时厦大曾被日军的飞机轰炸过，校舍被糟蹋得一塌糊涂，损失严重。抗战胜利后，国民政府把位于鼓浪屿的日本领事馆和日本警察局房屋当作日伪财产没收了，并作为补偿拨给了厦大，当作教工宿舍，厦大就安排了许多教授住在鼓浪屿上。我认识的就有很多，像厦大数学系的系主任方德植教授、李文清教授，他们俩都是陈景润的老师；像我们海洋系海洋化学的泰斗李法西教授；中文系的教授、国学大师、语言学家、参与我国《汉语大词典》编撰的黄典诚教授，中文系的系主任周祖撰教授；外文系系主任李庆云教授；历史系教授陈诗启，中国海关史的研究专家，对于海关历史有深入的研究，以及韩国磐教授和生物系的教授严楚江夫妇等；还有曾经当过厦门大学副校长的汪德耀教授，后来是中科院院长的卢嘉锡教授，他在岛上住了20多年；等等。很多教授的家属就在鼓浪屿上的女中、二中当老师，像李法西教授的夫人陈碧玉就是厦门二中的校长，她毕业于厦大物理系，还当过厦大校长萨本栋的助教。李法西和陈碧玉的祖籍都是泉州，但是李法西1916年出生在菲律宾的马尼拉。他20岁时来到厦门，在集美中学读书，然后考进南京的中央大学，即现在的南京大学。在民国时中央大学也是名校，与清华、北大齐名。李法西在厦大当过卢嘉锡的助教，之后卢嘉锡推荐他到美国留学，在俄勒冈大学读物理化学的硕士，后来又到美国加州理工大学攻读博士，1950年时他已经通过博士学位初审了。可是，李法西为了新中国的建设，毅然放弃博士学位回中国了。话说回来，如果他拿到博士学位，回国就很困难了，因为美国不会轻易放这样的人才出来。李法西回国后就来到厦门大学海洋系当教师，直到教授，后来又当厦大科研处处长，他们一家一直都住在鼓浪屿。1976年我到厦大海洋系时，跟李法西教授住一个宿舍，海洋系把我和李教授安排在厦大芙蓉六的四楼。他主要是午休，晚上回鼓浪屿，我是单身汉长住，我们俩就经常聊天，成了忘年交。其实我们两家渊源很深，我母亲是陈碧玉校长的部下，我与李教授的二儿子李达是同学，我妹妹与他的三儿子是同学，算是世交了。李教授有五个儿子，都挺出色。还有，我的班主任傅孙颐老师原来是厦大数学系的助教，后来为了加强中学的教育，从厦门大学调到厦门二中当老师。当时这样的情况不少。

我住在港仔后，就是中山图书馆那儿的时候，我家隔壁那栋老别墅住的是厦大中文系教授陈汝惠。陈汝惠是了不起的人物，他研究的是中国古典文学，他哥哥是著名儿童文学家陈伯吹。陈汝惠培养的三个儿子个个都非常厉害，1944 年出生的老大叫陈佐洱，学的是外语系，后来是港澳办的常务副主任，正部级，现在还是港澳研究会会长，写了不少文章，出了不少书。老二陈佐沂，是浙江大学原校长。老三陈佐湟，中国著名音乐指挥家，比我大两岁，1946 年出生的。小时候，我们常到他家玩，陈佐湟是我们的孩子头，经常带我们一起在海边玩，打野仗什么的。打野仗时，他自封上校，然后我们是上尉、中尉，一人封一个官，很有意思。陈佐湟自小在音乐方面就很有天赋，初中时就到上海音乐附中读书了，之后又到美国深造，曾在波士顿交响乐团任首席指挥，回国后在中央乐团任首席指挥，现在是国家大剧院的首席指挥。他很挂念自己成长的地方，回来鼓浪屿好几次了。

住在鼓浪屿的张乾二教授，他原来是厦大化工学院的院长、中科院院士，他住在梨子园旁边。他的夫人名叫吴肖君，是厦门二中的老师，吴肖君和她姐姐吴圣君都是我母亲的学生。吴圣君的丈夫叫李陆大，你知道吗？天上有颗星星叫李陆大星，因为李陆大为中国的教育事业捐了上亿元。他是安溪人，在厦门大学读过书，后来在集美中学教书，再后来出国经商，取得了很大的成功。他和他的哥哥李尚大都是侨界知名人士，是侨领。李尚大、李陆大最出名和最令人称道的就是他们对教育事业的资助，他们成立了很多教育基金会，资助了无数寒门学子和优秀学生。为了表彰李陆大为教育事业的贡献，有关机构特意将新发现的新星命名为李陆大星。还有一位卓仁禧，武汉大学的教授，他的父亲是卓全成，住在鼓浪屿鸡母山路，是厦门有名的同英布店的老板。这位卓全成老板有 12 个子女，但这 12 个子女没有一个从商，不是医生就是教授，都是搞科学、搞文化的。他的第九个孩子卓仁禧，现在还健在，是武汉大学有名的有机化学家、中科院院士，鹤发童颜，目前还在带博士研究生，他就是从鼓浪屿走出来的。鼓浪屿，这么个小小的岛上出过“万婴之母”林巧稚，化学家卓仁禧、张乾二，矿山建井专家洪伯潜和研究海藻类的海洋学专家曾呈奎教授等8个院士，其中6个科学院院士、2个工程院院士。其中毕业于厦门大学的物理化学家、化学教育家卢嘉锡不仅是中科院院士，还当过中国科学院院长，在鼓浪屿生活了20多年，他家住在泉州路的宁远楼。说到卢嘉锡，从鼓浪屿来说，特别值得一提的是，1949年底，卢嘉锡院士在鼓浪屿创办了私立厦大校友中学，1951年2月26日厦大校友中学公办时，改名为福建省厦门第二中学。

在近现代鼓浪屿上曾经住过非常多的名人，除了许多成功的华侨商人外，还有很多教育家、医学家、文学家及音乐专才等，他们经常会聚在一起，彼此有很多交流和往来。比如说大名鼎鼎的文学家、教育家林语堂曾任厦门大学中国文学院院长，因为林语堂与林可胜是好朋友，林可胜是校长林文庆的儿子，所以就这么把林语堂引到厦大来了。鲁迅来厦门大学教书就是林语堂介绍过来的，不过之后两人因一些理念不同开始吵架，骂来骂去的，鲁迅在厦大待的时间不长就走了。还有在鼓浪屿体育场边上，有一座廖家花园，当代名医、厦门市第二医院内科主任廖永廉就住在这里。林语堂娶的就是他们廖家的女儿廖翠凤，廖翠凤是廖永廉的堂姐。廖家在鼓浪屿是名门望族，国内非常著名的医生钟南山叫廖永廉舅舅。他们家还有一位医生，钟南山的表兄戴克戎，目前在上海，也是一位工程院院士，骨科专家，现任上海交通大学医学院附属第九人民医院上海市关节外科临床医学中心主任。

鼓浪屿还住过厦门大学又一任的校长汪德耀，他是在抗日战争到新中国成立初期王亚南之前的校长。他本身是生物学家，法国里昂大学的博士，他们一家也在鼓浪屿住过，但没住在厦大宿舍，而是住在笔架山那里。他的女儿、儿子都是在岛上的二中读书，是我母亲的学生。说起我搞蜗牛的研发利用还得到过汪老的指教呢，因为他曾经留学法国，所以他知道蜗牛是法国的名菜。刚刚改革开放时，国内资讯都比较闭塞，我们只知道蜗牛是法国名菜，但是不懂得怎么去开发利用它，因为全世界有两万多种蜗牛，哪些适合食用，哪些是有医疗方面的价值或者是可以用于美容方面的，这需要做深入研究。我当时找过他，请教他关于蜗牛研发的事情，他有些惊讶："我很早就提出应该要研究蜗牛的发展和利用，但没有人感兴趣，怎么会轮到你？"因为我是海洋系的嘛。汪老当时非常支持我，专门为我写过一份报告资料，还有题词，资料内容主要是蜗牛是法国的名菜，要如何将蜗牛这个产业在中国搞起来等，从理论上给了我很大的帮助和启发，因为这也是他的专长，汪老是搞细胞生物学的。当时厦门电视台拍电视专题片《蜗牛之歌》时，汪老也录影了，他讲得非常好。汪德耀老校长后来搬到厦大本部东区那边的宿舍，我经常去看望他。

我粗略地算了一下，厦门大学从 1921 年创办到 21 世纪初的这 80 多年时间里，前前后后在鼓浪屿上住过的大师级教授就有三四十位，如果加上讲师、助教等就有 100 多人。有这么多知识分子云集，对鼓浪屿的文化，对鼓浪屿的文脉底蕴就有很大的影响，两者有很深厚的渊源，且源远流长。

鼓浪屿的家庭音乐会为什么那么流行，那么有名，就是因为当时鼓浪屿有很多知识分子，这些医生、教授们经常聚在一起聊天弹唱。厦大的老师们虽然是在学校里教学、科研，但是他们的业余生活都是在鼓浪屿上，而教授、医生们的夫人们也大都在中学、小学教书，很多人在文化艺术上很有造诣，都懂音乐，会弹钢琴、唱歌。你比如说林俊卿，他本身是医生，研究耳鼻喉科的专家，但他又是男中音歌唱家，歌唱得非常好。说起林俊卿，他也是一位从鼓浪屿走出去的了不起的大才子，有书称他为“开启人声宝藏大门的‘林氏咽音’”“‘玩’出世界声乐奇迹的厦门博士”。林俊卿1914年出生在鼓浪屿，从小兴趣爱好广泛，他唱歌、画画、棋牌、园艺，甚至厨艺、木作无所不能。他一生中最了不起的事是研究出震惊中外科学界与艺术界的“咽音”练声法，这对世界声乐理论与实践产生了重大影响。我国有许许多多的著名歌唱家，如王昆、马玉涛、郭颂、克里木，还有许多京剧表演艺术家等都直接或间接地受益于他的咽音练声法。林俊卿在厦门同文书院毕业后，1932年考进南京金陵大学医学专修科，1940年美国授予他甲级医学博士学位。之后他在上海行医，同时师从两位意大利音乐家梅百器（Mario Paci）和莫拿维塔（B.Bonavita）学习“美声唱法”和“咽音练声法”并多次举行个人音乐会，当时被认为是“中国史无前例的歌唱能力最强的男中音”。还有大医生廖永廉也非常懂音乐，他还会踢足球，打网球，兴趣爱好广泛。他们周末就经常聚在一起组织家庭音乐会，你会这个乐器，他会那个，唱歌、跳舞其乐融融。这虽是一种业余生活，也是一种品位。我小时候也常到同学家里参加这种音乐会，耳濡目染，受到熏陶，我也会几种乐器，吹笛子、葫芦丝等，还上台表演。长大后，我们也组织家庭音乐会，自娱自乐。鼓浪屿家庭音乐会就这么传承下来，到现在还流行着。

鼓浪屿虽然很小，但教育、医疗都相当发达，厦门当时最好的医院就在鼓浪屿，岛上的内科、外科、妇产科、泌尿科都很有名，甚至是福建最好的，当时闽南一带有很多人跑到鼓浪屿来生孩子。鼓浪屿的教育是很先进的，中国的第一所幼儿园就诞生在鼓浪屿，现在叫日光幼儿园，它的前身叫怀德幼稚园，1898年由英国人创办，至今已有120年的历史了。有许多质量很好的学校集中在鼓浪屿，这里还是高级知识分子特别集中的所在地。鼓浪屿这个地方到底是人杰还是地灵呢？我觉得是双向的。它的文化教育比较发达，比如中国最早的女校——毓德、怀仁女子中学，还有最早的幼儿园都出现在鼓浪屿，有这个土壤，它就会产生好苗子，容易出人才。包括音乐，为什么鼓浪屿会成为琴岛？因为当时有很多西方文化传进来，其中有宗教文化，比如基督教进来就要办教堂，鼓浪屿上最多时有5个教堂——协和礼拜堂、复兴礼拜堂、福音堂、三一堂、红堂等。在礼拜堂里边就要唱圣歌、圣诗，就要有伴奏，最早是风琴，后来用钢琴，这样就培养出很多风琴和钢琴的人才。有了音乐的普及，也就有了音乐提高的条件，从而也就出现了一批顶尖人才，例如殷承宗、许斐星、许斐平他们就是从唱诗班弹琴开始，慢慢成长为大师。不仅是钢琴，这里还出现了其他方面的音乐家，比如小提琴家和其他西洋乐器，中国乐器的也有。鼓浪屿虽然很小，但又非常包容，曾经在岛上，各种宗教都和睦相处。这里曾经同时有过天主教、基督新教、伊斯兰教、佛教，弘一大师都在日光岩的寺庙讲过经，还有道教等，所以鼓浪屿的中西文化结合就是这样出现和发展起来的，这也是土壤与氛围双方面的相互影响。

说了这么多厦门大学和厦大的许多教师与鼓浪屿的事，我想表达的是，鼓浪屿有很深的文化底蕴和氛围，除了有很多爱国华侨带来的各种文化因子外，厦门大学的影响也是很大的。

我们这一代，在二十世纪六十年代中期前都比较顺。岛上那么多厦大的教授、医生家庭的子女都读这里的小学和厦门市第二中学，我们小时候的伙伴也都是同学。我的小学是厦门师范学校附小，当时厦师就在鼓浪屿，在田尾那个地方，也就是原来的毓德女校所在地。我记得很清楚，学校经常在周末的时候，在田尾的沙滩边举行篝火晚会，拉手风琴啊，跳舞啊，很有意思。当时厦师还培养出一位很有名的人物，中国男低音歌唱家吴天求。他出生在同安，但是在鼓浪屿读的书，应该说是鼓浪屿培养了他。吴天求在学校读书时讲话就是瓮声瓮气的，很低沉，也是因为他的这个声音特点，引起了一位老师的注意。这位老师叫江吼，他在抗美援朝当志愿军时就是文艺骨干，后来到我们学校当老师。当时江老师让吴天求参加学校的合唱队，一直指导培养他，后来又推荐吴天求到杭州艺术专科学校学习。应该说江老师是很有眼光的，当时吴天求书读得很好，数理化都很好，但是江老师认为中国数理化人才很多，不太缺，而男低音却非常少，所以就推荐他朝音乐艺术方面发展。吴天求在唱低音时，可以唱得很低很低，堪称中国的罗伯逊，他可与这位世界有名的黑人歌唱家媲美，非常难得。吴天求现在还在中央音乐学院当教授，虽然退休了，但是还在带学生，他唱的《跳蚤》《伏尔加船夫曲》《黄河十八弯》等非常有名，灌了很多唱片。吴天求培养了很多学生，其中有一位是鼓浪屿人，叫庄德昆，在这方面又有了传承人。

我们小时候读书比较轻松，不像现在的孩子压力这么大。我们经常到海边玩，去游泳，去钓鱼捉蟹，那时的海水可干净了，湛蓝湛蓝的。我们有时在海水退潮的时候在沙滩上“围畦坡”，就是用小渔网围在海滩上，等网里有鱼虾的时候，就把水斛掉，可以收获到一些小鱼小虾。有时我们爬到礁石上，在石缝里捉蟹，或者在沙滩上追逐，还有的时候又到山上采果子、打野仗。回想起来，我们在四周环海的鼓浪屿上的童年、青少年时光是蛮快乐的。

那时鼓浪屿文艺人才多，在中学时，我们这些学生就能做很多事。我当过学校的文艺部部长，手下还有干事，我们自己编歌曲、编剧集，几个人就可以把一场文艺晚会搞起来。这太容易了，鼓浪屿一直都有家庭音乐会，吹拉弹唱人才比比皆是。

董启农（二排右八）在日光幼儿园时的全园合照（董启农供图）

董启农（中）与子、孙三代人均毕业于鼓浪屿日光幼儿园（董启农供图）

政治运动对鼓浪屿的冲击和影响是很厉害的，不仅侨商巨贾家庭，而且高级知识分子家庭也都难以幸免，被查的查、关的关。我们这一代，很多高中毕业后就去上山下乡了，到农村、到山区，滚一身泥巴，受了不少磨炼，但回城后又捡起书来读。由于家庭的影响，这些书香门第的子女大多在恢复高考后努力考上大学，毕业后和前辈一样从事科研、教学，当然各行各业都有啦。

我 1967 年高中毕业，1969 年知青下乡，从福建永定山区招工到厦门大学后，当过木工修过校舍，还放过电影，搞过广播，后来高考恢复我又读了四年书，之后毕业分配到厦大海洋系搞科研，搞教学。我的兴趣广泛，我喜欢写文章、写诗歌，直到现在，我几乎每天都要写一些东西，有散文、游记、诗歌、评论等，微博、微信美篇更是随手发出，读者、粉丝不少呢。我一个学理工的，为什么有这么多爱好或者说特长呢？那就是因为父母都是教师，而且都是文史方面的资深教师，我从小就有家庭的熏陶。父母在我和妹妹小的时候就教我们写诗歌、诗词，教我们韵律，还教我们文史方面的知识，后来我们也自学了不少，所以我们兄妹俩在文史方面有较好的基础。我妹妹很优秀，她在恢复高考后的第一年被破格录取到厦大中文系，毕业后分配到《福建日报》当记者，曾获得全国“三八”红旗手称号，后来任《福建日报》常务副总编辑、高级记者。她还有二级教授的职称，是一些高校的兼职教授，经常到一些院校给学生们上课，还是首批享受国务院终身津贴的专家。当然，这也跟她自己不断的刻苦、努力分不开，她一直是很拼的。

我虽然是学海洋科学的，在厦门大学时也一直搞科研、教学，除了爱好写作外，也进行了蜗牛的研究、养殖及商业运作，可以说，中国的蜗牛产业就是我搞起来的。20 世纪 80 年代初，“蜗牛养殖与综合利用”这个科研课题是我主持的，其中“中华白蜗牛”这个名字是我起的，网上可以查得到。现在大江南北都在养蜗牛、吃蜗牛，厦门悦华酒店保持了 20 多年的招牌菜焗蜗牛所用的蜗牛都是我供应的，还有现在厦门西堤一条街上的西餐厅、厦门宾馆、海悦山庄等的蜗牛大菜所用的原材料也都是我供应的，包括北京钓鱼台国宾馆的蜗牛名菜原料也是我提供的，从 1986 年到现在都是。我养殖加工的蜗牛肉甚至出口到法国，目前为止，我已经向法国出口了 100 多吨蜗牛肉。人们都称我为“蜗牛大王”。

我的蜗牛养殖业是怎样发展起来的？说起来挺有意思，可以说还是

在厦大时的董启农（右跑者）（董启农供图）

起源于鼓浪屿和厦大，是鼓浪屿和厦门大学的因素结合产生的。大蜗牛，在我国最早出现在鼓浪屿。一百多年前，传教士从德国带过来大蜗牛，所以以前曾叫德国螺，后来又叫非洲蜗牛，我们现在叫玛瑙蜗牛。的确，大蜗牛原产地是非洲，不过现在基本上都被吃光了，非洲当地人吃蜗牛，身体都很强壮。在鼓浪屿，在传教士之后，日本人也把蜗牛带进来了，为什么呢？二战时，太平洋战争打得很艰苦，没东西吃，人体缺乏蛋白质，蜗牛繁殖能力很强，能给人补充营养。蜗牛虽然引进自国外，但在鼓浪屿却生长得很好，因为亚热带温暖潮湿的环境很适合蜗牛的繁殖生长。洋人走后，当地人都把蜗牛这个外来入侵的物种当成祸害，很讨厌它。因为蜗牛具有很强的破坏力，繁殖快，食量惊人，什么都吃，它们把人们种植的蔬菜、花卉都吃掉。那时鼓浪屿的亚热带植物园里一些从国外引进的珍稀植物都被蜗牛破坏得一塌糊涂。当时，亚热带植物园的李芳洲园长想要消灭这些蜗牛，甚至请鼓浪屿的驻守部队来抓蜗牛，抓了以后把它扔到粪坑里，没想到蜗牛没死，又爬了上来，生命力太强了。当时鼓浪屿一下雨，特别是夏天雨过天晴的时候，蜗牛都爬了出来，多的时候用满山遍野形容都不为过，到处都是。怎么办？这个物种已经入侵100多年了，总要对付它吧？这就是我要把蜗牛整治利用的缘由，我认为整治利用的最好办法就是把它吃掉，化害为利。那蜗牛能不能吃？怎么吃？我对这些问题很感兴趣。其实，我之所以敢做这方面的研究，也是因为在鼓浪屿上就有人吃蜗牛的情况。至于视蜗牛为祸害、为怪物的中国人怎么适应它、吃它，这就要做研究了。

当时厦大科研处立这个项目为科研项目，由我主持，于是我们从它的生物特性、生活习性、营养成分，有没有寄生虫、有没有危害人身体的东西以及如何养殖、如何加工成为可食用品等方面去研究。当时没有这方面的资料，全部靠我们自己去摸索。在研究的时候，我得到了很多厦大教授的帮助，比如汪德耀教授就给了我很大的支持和启发，还送了我很多有价值的资料，使我的研究能够顺利进行。当时我在厦大名不见经传，普普通通的一个教师而已，汪老是大教授、名人，但他还是热心扶持帮助我们这样的年轻人。有了理论做基础后，我们就开始进行养殖、加工实践。

开始研究时，我就广泛收购蜗牛，当时收购价是一斤五毛钱。我们开始研究如何加工使用蜗牛，很快野生的抓得差不多了，我就开始人工养殖。20世纪80年代初，我曾参加过学校的深挖洞劳动，熟悉防空洞，我就在厦大的一个人防山洞里面养了五六百箱蜗牛。当时这属于厦大的一个科研项目和企业，叫厦门大学蜗牛养殖加工厂，我是厂长。1986年年初时，习近平在厦门市当市委常委、常务副市长，他曾经来到我这里两次，考察我的蜗牛养殖。当时厦大很多人都知道这个事，尤其是保卫科的老干部们。

厦大老校长汪德耀教授（董启农供图）

当时，习副市长轻车熟路的，就带一个秘书，来到厦大时直接走到学校保卫处后面五老峰下的人防山洞，我的蜗牛养殖基地。他到山洞里很仔细地看我怎么养蜗牛，跟我聊蜗牛的养殖情况。习副市长非常朴实，平易近人，因为我们都当过知青，他说他 1968 年到陕北当知青，我说我 1969 年上山下乡到福建闽西，我们很有共同语言，聊了很多。习副市长详细了解了蜗牛的养殖情况，说这是很好的项目，应该让农民学会养殖，成为发家致富的一个途径。我记得，当时他说了这一么句话："要让蜗牛能成为中国人餐桌上的一道菜，要让老百姓也能吃上蜗牛。"因为当时蜗牛虽然在法国是名菜，价格也挺贵，但在中国，人们还没有吃蜗牛的习惯。1986 年，习副市长还将当时的省委书记陈光毅、省长陈明义也带到山洞来视察，后来就把这个项目发展到农村去了。

我们福建省的老省委书记项南，时任全国扶贫基金会的会长，他来厦门时看了我的养殖基地和销售情况后很高兴，给我题词道："致富无止境　蜗牛万里行"。实地考察后，他认为这是帮助贫困农民脱贫的一个好出路，于是把发展蜗牛养殖确定为一个扶贫项目。他希望让农民来养殖，要求我们教农民怎么养，怎么加工，怎么收购，怎么推广。为此，我到过江苏、浙江等地去讲过课，教会那里的农民养殖加工蜗牛，然后由我收购。现在这个蜗牛综合利用项目已经在大江南北推广开来，而且发展得比较成功，效果都还不错。

在厦门大学这个温暖的科研土壤中研发出来的“蜗牛养殖与综合利用”项目在转换成生产力、发展为商业方面很有成效，在 1987 年时，我们的蜗牛肉就开始出口到法国去了，到现在为止，我们已经出口法国 100 多吨蜗牛肉。此外，20 世纪 80 年代末还出口 10 吨的单冻蜗牛到韩国，单冻品保持了蜗牛的生物学特性，主要是作为美容产品的原料用来生产蜗牛系列化妆品。

最令人骄傲的是，我的蜗牛生产加工成果登上了一个高度，那就是进入北京钓鱼台国宾馆，呈现在首脑们的餐桌上。1986 年 6 月，北京钓鱼台国宾馆总厨师长韩治郁大师来厦门考察地方特色佳肴，厦门宾馆童辉星大师陪同他到厦大玛瑙园酒家品尝我制作的蜗牛名菜，韩大师品尝后十分喜悦，题词道：“蜗牛一菜大有发展，是烹调菜肴之珍品！” 当时，我送他一些样品让他带回北京。没想到他做给中央领导和西哈努克亲王伉俪品尝，受到赞赏。接着，很快由钓鱼台国宾馆管理局发函来，请我去讲课和演示。当年 8 月 20 日，我带两名助手，还有厦门电视台的记者一起去北京。第二天，时任国务院副总理的万里在钓鱼台宴请外宾和大画家黄胄等人，我与韩治郁联手献技，效果甚佳，万里高兴地与我交谈干杯，他说：“要让蜗牛爬上中国人的餐桌。”8 月 30 日，万里、李鹏、田纪云副总理和胡启立接见了我们一行，而分管农业的田纪云副总理为正在拍摄的专题片《蜗牛之歌》题写了片名。之后在钓鱼台国宾馆的顶级宴会上，许多国内外的领导人都吃到了这道菜。

那段时间，新闻媒体广为报道，厦门电视台以《蜗牛之歌》为题，把这个全过程拍了下来，制成时长23分钟的专题片，由央视赵忠祥解说。这个专题片在中央电视台、福建电视台、厦门电视台都播出了。此外，报纸、杂志有报告文学，广播有通讯报道，从厦大走出的蜗牛综合利用名声大噪，我也被人们称作“蜗牛大王”。当然，这些报道也不仅仅是说我，而是反映了当时改革开放的成果，反映了当时在改革开放浪潮中涌现出的第一拨的弄潮儿。

后来，到了20世纪90年代初，上面要求高校不能办企业，必须脱钩。我认为蜗牛综合利用这个项目不能中断，否则太可惜。我就只好忍痛脱离体制，离开了我工作22年的厦门大学，从科研转型到从事商业化运作，也可以说是下海了，为的就是能继续搞我的蜗牛产业。

现在我自己不养殖了，专门收购农民养殖的，或者野生蜗牛加工后的产品。后来福建的蜗牛都让我收购完了，我还到广东、海南进行收购。一开始有的人质疑，这在野外到处爬行的蜗牛会不会有寄生虫？吃了会不会不安全？我们研究过，其实不会。因为加工过程中要经过消毒、高温烫煮，再进行零下30° 速冻和低温冷藏，经过这么一处理，所有的不安全因素都消灭了。尤其法式焗蜗牛，是在280° 高温下烤制出来的，什么寄生虫都不存在了。2017年的金砖五国领导人厦门会晤也用了我们的蜗牛，可见我们的蜗牛已经是非常成熟、非常可靠的产品了。

中国蜗牛进、出口生产加工的标准是我制定出来的，为此，我还与厦门商检局做了一个项目，叫《蜗牛产品出口标准与检验办法》，国家的出口标准也是这个，之后蜗牛的出口产品都按照这个标准来检验。这个标准跟国外的标准是一致的，否则无法出口到法国等地。我让各地农户按照

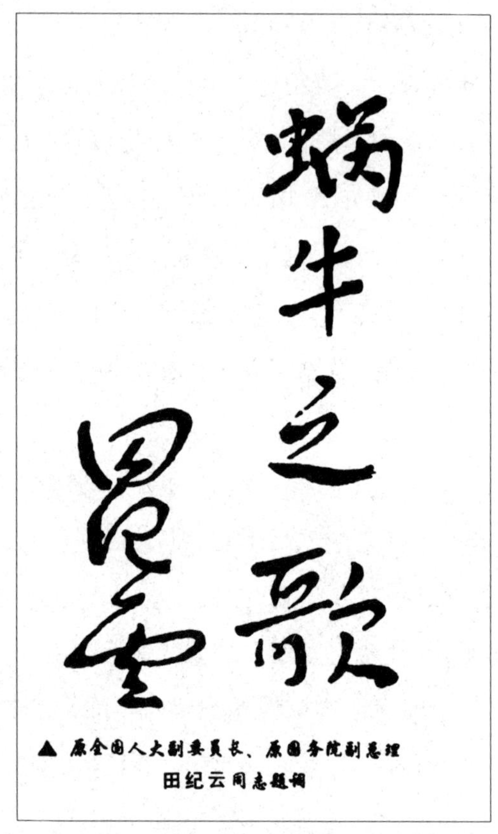

全国人大常委会原副委员长、国务院原副总理田纪云同志题词（董启农供图）

这个技术、标准加工，然后我来收购，目前我公司的产品国内外市场都有。

蜗牛还有美容功效，现在韩国生产很多美容产品，其中就有以蜗牛为原材料生产的产品，比如蜗牛洗面奶、蜗牛霜、蜗牛面膜等，而所用的原材料蜗牛最早就是从我这里进口的。我原本搞食用蜗牛，用蜗牛做美容品原材料的起因，说起来是有故事的。

前面说过，鼓浪屿在德国人、日本人引进蜗牛后，在岛上泛滥成灾，当时人们很讨厌它，有的人捡到蜗牛把它砸碎、扔掉，也有的人把它捡回家砸开，挑出蜗牛肉喂鸭子。结果养鸭的人发现，用蜗牛肉喂养的鸭子长得很快，正番鸭两三个月就很强壮了，羽毛乌黑发亮，翅膀很有劲，这说明蜗牛肉很有营养。鸭子吃了能长这么好，那人食用呢？那时鼓浪屿有位老太太，叫李牵，人称牵姑，牵姑曾给法国驻鼓浪屿领事馆的法国人当用人，她的雇主吃蜗牛，她也跟着吃。法国人爱吃蜗牛，她就学着做，于是就懂得怎么吃蜗牛了。中华人民共和国成立后，法国人撤离了，牵姑一辈子没结婚，成了五保户，政府发给她一点生活补助。牵姑是虔诚的基督徒，很雅致的一个女人——她如果在外面的地方坐下，都要先铺一块手帕。这么一个爱干净的人，却会经常捡蜗牛回家弄着吃。后来她年纪大了，邻居的小孩会帮她到山上捡蜗牛回来，看她煮蜗牛、吃蜗牛。孩子们还看到牵姑会把处理好的蜗牛肉切碎了煮稀饭、煮面条，吃得津津有味的。她还把做好的蜗牛拿给孩子们吃，可是小孩们不敢吃。牵姑一直到 89 岁，身体都还非常好，皮肤白皙，看上去比实际年龄年轻好多。到后来她说自己想要去见上帝了，不想在世间太久。有次得了重感冒，居委会要送牵姑去医院，她就是不去， 结果了了心愿离世了。令人印象深刻的是，人们在殡仪馆看到她的时候都很惊讶，她的容貌安详，尤其是皮肤，特别白皙光嫩。看来，蜗牛有美容的价值。

当时我发现，在蜗牛加工厂工作的女工，她们的双手都非常细嫩，冬天也不会皲裂，这也给了我启发，可以将蜗牛用于美容。其实这是有科学依据的，蜗牛身上的那种黏液的确具有嫩肤的作用。我们研究发现蜗牛身上含有一种酶，叫复合酶，对细胞的破壁效果特别好，它对皮肤养颜的效果也特别好。现在，在俄罗斯也有人用蜗牛美容，他们的方法很直接，就是让蜗牛在人的脸上爬，因为蜗牛身上有 2 万多个很细很细的齿舌，它爬过时把人脸上的老皮吃掉，然后它身上分泌出来的黏液又覆盖上去，皮肤就变得非常光滑嫩白了。20 世纪 90 年代初，我就提出蜗牛可以用来生产制作美容用品，不过我自己没有搞美容产品这一行，因为不够专业。当时国内没有人重视，只有韩国人注重了，搞起来了。韩国目前很有名的蜗牛美容系列产品的生产厂家，最早的蜗牛原料就是我供应的，我一出口就是 10 吨，发往韩国。在这之前，韩国并没有蜗牛美容产品，现在看来他们确实搞得很成功，许多人到韩国去都会买这些化妆品，而且还是高级化妆品，价格不菲。

鼓浪屿被列入世界文化遗产项目，人们会想到鼓浪屿各国的历史建筑风貌等，但是房子只是个载体，鼓浪屿是文化遗产，文化是依靠人来传承的，最重要的是文脉。刚才说的，学校、医院、科学研究、音乐、文化艺术等都是属于文化方面的，是靠人去创造和传承的。当然，也有人说，鼓浪屿申遗没什么可骄傲的，它被租借过，才有那么多历史建筑遗留。我认为这是一种误解，申遗不是说肯定殖民统治，而是说明那段历史是不能割断的。

鼓浪屿这次申遗最大的亮点，就如国家文物局原副局长宋新潮说的，就是发动鼓浪屿所有的人，包括居民百姓、商家来共同保护它。事实也是这样，我们就在第一线，比如建筑物老房子，一些将近百年沧桑的老房子是我们把它修旧如旧维修弄好利用起来的，政府主要是给政策、定规则，把管理办法拿出来，加强监管。现在鼓浪屿很多老房子的利用主要依靠民宿，我在这方面介入的比较早，2010 年之前就开始做了。

鼓浪屿民宿的出现是怎么回事呢？ 2008 年，何立峰，现在的全国政协副主席、国家发改委主任，当时是中共厦门市委书记，那时他来鼓浪屿考察认为，鼓浪屿这个小岛应该发展旅游。旅游要发展，就必须提供游客下榻的地方，这样才能进行深度游，因为鼓浪屿最美、最有诗意的景致是在早晨和黄昏。可是岛上受到规划的限制，不能建高大的楼堂馆所，

董启农参加宣传鼓浪屿的活动（董启农供图）

那时鼓浪屿只有几个宾馆，规模也不大，远远不够用。恰逢其时，岛上落实华侨政策，很多房屋归还给了华侨，原先住在侨房里的住户就都搬走了，这样就空出了很多房子。但是因为许多侨房的主人并不在岛上，他们或早就远在国外，或因产权复杂而无法让某个人独自拥有，就这么空着。那这些老房子要怎么利用起来？只有用起来了，才能真正地保护它们，因为在亚热带气候的海岛上，风吹日晒、湿度大，房子如果没住人很容易损坏。鼓浪屿上总共有2000多栋房子，其中老别墅有931栋。为了发展旅游业，市政府在2008年出台了全国第一个地方性民宿管理办法《厦门市思明区鼓浪屿家庭旅馆管理办法（暂行）》以扶持民宿产业健康发展。为了让这些老房子能重现风采和发挥作用，我们家庭旅馆协会就发动大家一起按照政府的条例和管理办法行动起来，为鼓浪屿的老房子维护和利用出钱出力，我们前前后后一共筹集了大约5亿元来维修这些老房子。

维护工作是非常艰难的，因为岛上没有汽车，所有的建筑材料都要漂洋过海，要靠人工肩挑手提地搬运，成本费用很高。但是这样做很有意义，因为鼓浪屿的风貌建筑就应该是在保护中发展，在发展中保护的，这样才能让老房子焕发出新的生命力，让万国建筑风貌长久地传承下去。

起初整个鼓浪屿只有 12 家家庭旅馆，现在有 278 家了。不要小看民宿的作用，目前岛上的民宿约有 4000 间客房，每年接待约 200 万人次的游客。游客下榻鼓浪屿，虽然交通比较不方便，但是当他们在具有历史韵味的老房子住下后，清晨和黄昏可以漫步于小街深巷，流连在“万国建筑博物馆”中，领略风格各异、饱经沧桑的老别墅小洋楼，听听从那里传出的小提琴、钢琴声，慢慢品味有着百年中西多元文化的具有深厚人文历史的鼓浪屿；也可以在大海边、沙滩上吹海风、听涛声，感受鼓浪屿如诗如画的秀丽风光和天风海涛的独特魅力，我们就是希望能给中外游客一种平常难以得到的惬意和适闲的满足感，一种美好的体验。鼓浪屿是必须在宁静中慢慢品味的。

在这里奉上我新近写的一首小诗《鼓浪屿晨曲》，作为此次谈话的结尾吧——

东方浮现晨曦
群鸟林中鸣啼
百花苑里绽放
薄雾袅袅升起

曙光映照靓屿
菽庄风景旖旎
晃岩神采奕奕

碧波白浪船移

小街幽巷静宜
琴声飘荡迷离
树影婆娑绚丽
家园一派生机

琴岛荣膺世遗
国际社区传奇
中外文化合壁
芳华代代相依

啊！《鼓浪屿晨曲》，令人心旷神怡。

鼓浪屿穷苦学生是这样读出来的

——高恩惠先生口述实录

口述人：高恩惠

采访人：泓莹

采访时间：2014 年 1 月、2015 年 8 月

采访地点：高恩惠家

高恩惠先生（泓莹摄）

【口述人简介】

高恩惠，1926 年出生于厦门鼓浪屿，老鼓浪屿人，曾就读于鼓浪屿养元小学、英华中学、厦门同文中学，英华中学毕业后在中学教数学。高恩惠先生谙熟闽南语白话文，退休后曾义务教授厦门音白话字，是厦门市资深教育工作者。

父亲过世后家族留影（前排右一大姐，前排左二母亲、左三高恩惠、左四祖母，后排右二大哥，摄于 20 世纪 30 年代）（高恩惠供图）

泓莹：您是正宗老鼓浪屿人吧？

高恩惠：我是鼓浪屿孩子，不过，我们是海澄白沙人。据说我祖母是同治年间出生的，19 世纪末吧，他们很早就来鼓浪屿了。

我没见过祖父，我只知道祖父旧历八月十六日得霍乱去世，他在鼓浪屿是担葱卖菜的，我祖母起先在殷雪圃家做事，没做太久，又到林氏府帮佣。她见过林氏府放焰火，说真好看，也见过黄奕住给母亲做生日的热闹事儿。

黄奕住和黄仲训家都是雇“马答仔”的，就是印度人，他们的水烟枪很长，烟壶很大。我没见过黄奕住，马答仔倒见过不少。

泓莹：您当时尚未出生呢。

高恩惠：是哦，我是 1926 年出生的，这些都是听祖母说的。

祖母说，1901 年父亲 13 岁，从海澄到厦门，当时大人们骗他下船，说去玩。结果是骗他到鼓浪屿三落去给番仔当差，每个月工资 4 块现大洋，一分钱不少，全交给祖母补贴家用。祖母说，父亲太乖了。

番仔教他打冰淇淋，后来，也不知是哪一年，他自己出来做生意，卖水果兼打冰淇淋。父亲的冰淇淋生意很好，开了鼓浪屿头一家冰淇淋店，叫高成发。

以前有个生意不怎么好的番仔洋行，叫其昌吧。鼓浪洞天这个酒楼，就是邮电局旁边的楼儿，楼上是酒楼，楼下就是其昌洋行。其昌没啥生意，父亲打冰淇淋的生意却是好极了。当时的买办蔡益谦、丁锡荣等人经常光顾。水果是父亲自己去批发的，一大早起床到码头，将带钩的绳子抛上船，捋着绳子到水果船上去抢新鲜的水果，这就叫头（第一）手的嘛，所以他生意很好。

泓莹：您父亲识字吗？

高恩惠：原来不识字，父亲没有读过书，祖母说他很了得，自己看书，勤学好问，后来才认了一点汉字，他不懂英文。当时在三落吃头路，和番仔说的是厦门话，那时番仔都会讲厦门话。可惜父亲很早就过世了，1931 年就走了，葬在笔架山，母亲是在第二年也就是 1932 年去世的，葬在五叶牌。

1933 年黄家渡大火，我记得很清楚。

我有一个哥哥、一个姐姐。姐姐大我 13 岁，不过正经说起来，他们是我姑姑的孩子，当时父亲尚未有孩子，姑姑有 4 个孩子，就送两个给父亲养。自己留了一个年纪更大的，可惜早早过世了；还有一个也是属虎的，比我小一点点的妹妹，后来做护士。那时父亲生意好，他们就都过来和父亲一起住。

小时候家境不错，才能去读幼稚园。不过，父母亲走后，这些孩子就由祖母来带了。那时祖母总是说："你们谁能赚钱与你们父亲相比，他一个月给我 30 元！" 30 个银圆，很大啊。不过，祖母疼姐姐，一个月给她 24 元，她先是在集美读书，后来去福州读协和大学。

全家就我姐姐读了大学。我这一生，很少和姐姐见面，她 1934 年在福州结婚，我还在鼓浪屿。

我读完幼稚园到养元小学，一下子跳到三年级，哪里读得下去啊？就留级了。

养元小学毕业照（后排右二高恩惠）（高恩惠供图）

就这样，我 1934 年在养元读书，1939 年毕业。毕业后去英华读初一，那时我哥正在同文毕业班读书，就把我叫过去了。说起来，我和哥哥的接触仅限于童年吧，每每到晚上，他叫我去买面包、买炒米粉，我噌噌噌就去了，寒冬腊月也得去啊，我小嘛。

我 1940 年开始在同文读书，一直到初三上学期，太平洋战争爆发。当时纪华盛是 47 组，我是 49 组，差了两组。

厦门沦陷后，同文就搬到鼓浪屿了。后来的清洁理（Katharine R.Green）办学，是因为吕成都与给益恩（E.W.Koeppe）牧师对抗，有矛盾才分出去的。他们在三落，就是原来的慈勤办学，同文在大德记，离覆鼎一点点而已。所以我们那时常念叨：清洁理学社，卫生理化室！

吕山河是吕成都的弟弟，他们都是同文的教员。

太平洋战争开始之前，学校就分散了。就在那个夏天，我们照样去同文读书，但这时同文没有学籍，清洁理那边有学籍，却无大印，大印还掌握在同文吕成都手里。总之两边都办学，两边都不行。

关于福姑娘（Tena Holkeboer）回国的时间，我觉得纪华盛的记载可能有误（泓莹注：在纪华盛先生的口述实录中，福姑娘回国时间是1941年）。我哥哥是1940年冬高中毕业的，1940年12月，大家送福姑娘回国，我们还送她上船，她走之后，给益恩牧师接管了同文，吕家兄弟和给益恩牧师有矛盾。

泓莹：吕家兄弟真是亲日的么？

高恩惠：吕成都做过厦门《全闽日报》的翻译，他们的确有亲日倾向。当时因为他们与给益恩牧师不和，学校就一分为二。

吕山河当时教我们英文。其他事情我不太清楚，但我们隐约知道吕山河与一位姓张或姓叶的先生不和，感觉他有点鄙视人家的意思。后来我就不知道了，他儿子到上海读过速成的师院班，与我太太是同学。

1941年12月8日太平洋战争爆发，我初三上学期，日本兵在校门口站岗，学生都不能上课，没毕业。

这时所有的银行都冻结了，父亲过世后，他所有的钱都被祖母存在银行里，这一冻结，我们可就穷了！好在房子是自己的，可以靠出租房子，变卖家产生活。可是啊，到后来一个月的房租还不够买一斤米呢，祖母首饰渐渐卖光了，连父亲替她准备的寿衣都卖了。

不过这时鼓浪屿就剩下祖母、我和姑姑了。哥哥们都去内地了。姑姑有时去和人弄帮，也就是赚个糊口。

那时我们家有三层楼，在街心公园，南永百货对面。父亲留下的三层楼在1959年拆了，说是危房，实际上是社会主义改造，政府就给了600元，还有一点定息，我不太清楚，是我嫂子在领。我夫人开玩笑说我真是进步啊。我想是啊，政府叫我们做什么我们就怎么做嘛。我家的屋契我看过，当年父亲可是花了3000元大洋！不过，祖母活到近百岁，她1963年才去世，三一堂的张牧师说："啊，这都可以拔龙须了嘛。"

父亲勤奋，当年有得赚，说起来，他13岁到厦门，1931年过世，整整奋斗30年！他走的时候才43岁，我祖母说他收水果的时候被绳索勒伤了肝，可能肝化脓？（泓莹注：可能是肝脓肿）祖母是这么说的，我想就是肝癌吧？不知道，我那时太小，只知道父亲病得很痛苦。

第二年母亲过世，不知是因为中毒还是咋的，那天我被用人叫醒，她说我母亲死了，七孔流血。

泓莹：可能被人毒死了？或者自尽？

高恩惠：我也不懂，那时年纪太小，只知道哭，没法料理（任何事）。当时只听说她似乎与祖母不大合得来。

1941年12月8日，日本人占领鼓浪屿。仅仅过了一周，就是12月15日，我就失学了，去姑丈店里做学徒了。我这个大姑丈，大家（鼓浪屿人）都知道，开布店的，吝啬得很啊。他的布店叫德祥布店，我父亲叫高德生，姑丈叫吕祯祥，一个德一个祥，所以才叫德祥布店。

泓莹：您父亲肯定有投资了？

高恩惠：肯定有，但我当时不懂，父亲一走，这些投资就不了了之了吧，

从右到左分别为高恩惠、祖母、二表哥恩典（高恩惠供图）

而当时母亲帮助父亲做生意，她走的时候，我还在读怀德幼稚园呢。

我小时候很调皮，走路不好好走，连蹦带跳的，学校那里有条大沟，我不好好走路，老走在上面栏杆，看到尖尖的石头就噌的飞跃过去。现在老了，想起来怪吓人哈。读小学的时候，我整天爬日光岩，说起来是没规没矩的人啊。以前日光岩没遮没拦，摔死也没人知道啊。

1938年5月9日我们游行纪念国耻，第二天，日本人开始攻占厦门，学校停课，我没事干，跑到日光岩上去看，亲眼看到日本人飞机轰炸。那飞机不大，飞得很低，我们也没有高射炮，任他们胡作非为。日本战舰开炮，不是打胡里山，反正我没看到胡里山有什么动静，倒是屿仔尾，炮火一闪一闪的，那是日本人的炮，没看到我们这边有什么回击。

泓莹：真是丢脸啊。

高恩惠：日本人，在我们的土地上随便打！其实日本人在1936年就在鼓浪屿番仔球埔演习了，重机关枪要4个人抬。那时巴世凯（G.R.Bass）任满，送他走的时候，我一直跟着看，恰好看到日本人在番仔球埔演习。

同年蒋介石50岁，50岁是大生日啊，日光岩那里还用普通灯泡缀接，弄了一个大大的寿字。

厦门沦陷那天，有人说："日本人来了，你还敢上日光岩？"我说鼓浪屿不就没事儿么（笑）。其实这时难民已经大量地涌了进来，洪卜仁他们就是这时逃到鼓浪屿来的。我小时候经常欺负他弟弟樵甫，不过也是开玩笑，我们现在好得很喽。洪卜仁到日本去查胡文虎的材料，我看过那个原件啊。胡文虎当年把自己报社那座楼和最好的印刷机都给《全闽日报》用，所以才有汉奸嫌疑吧？

泓莹：这个问题可能很复杂，留待学术讨论吧。日据时代，您的最大感受是什么，饥饿？

高恩惠：饿的话大家都饿。我在德祥布店做学徒头一年，姑丈年底给了我4元花红，常年没有工资的。"头手"伙计才30元，都很低啊。当时一双胶鞋还要22元呢，那时做伙计等于没有工资吧，一日三餐而已。

日据时代开始，当时一个人一个月才5斤米，我们9个人，45斤。买米都是我，那时有力气，45斤米用面粉袋一装，抓起来，双手插在口袋里，就这样走回来。后来都是碎米，生虫的碎米，每个月每人加两斤。有好几个地方卖米，海坛路、现在工商银行对面、轮渡码头都有米店或米绞，不过要凭票就是了。

那时日本女人常到店里来，拉拉扯扯的，价钱也说不清楚。头家要我学一点日语应付她们，整天卖布嘛，学日语好和人家讲价钱。所以我日语懂一点，也算读到中级了。不过，一年之后就胜利了。当时也有人读完“共荣”学院去日本留学的，比如林连德和王育生（音）。都是英华学生，他们是高班的。

当时怀仁的校服用的是阴丹士林 60 号，毓德女中用的是阴丹士林 395 号，早年的鼓浪屿婢女救拔团用的布也是阴丹士林 60 号。小时候，祖母带我去看过婢女救拔团团部，知道一点状况。

我记得很清楚，那时世岩在“永可行”后面帮人劈柴，我在德祥布店后面做火头军煮大锅饭。世岩也是艰苦出身。

泓莹: 是哦，你们后来能再读英华，还能去台湾毕业旅行，真是不容易。

高恩惠：是哦。1941—1945 年，有三四年时间吧，我失学做学徒，看到其他同学读书，羡慕得什么似的。比如建寅吧，与我同岁，都是属虎的，小学同班，后来却低他两届……

泓莹：哦，那么您当时实际上与黄猷先生同届。

高恩惠：对，我们那时都叫邵建寅“矮仔建寅”，那时他长得小嘛，一手字是和他姑丈学的，就是沈省愚先生啊。建寅仿他姑丈的字，惟妙惟肖，写得真像啊，连沈先生都看不出来，所以后来二中“百友楼”三个字被破坏，我就建议他们找邵建寅写，哈哈！建寅的字和沈先生的字太像了。

那时黄猷和黄一琴是活跃人物，经常在英华基督教青年会答嘴鼓，就是辩论会，比如剃光头好还是留头发好，穿长衫还是穿西装好，诸如此类。

胜利后，我真的很想读书，可是没钱了，祖母也还在，怎么办？我只好去请求沈省愚先生让我免费读书，沈先生答应了。当时，他拉起一批人马，正准备重组学校。

不过，三个月后，许扬三来了。沈先生在 1947 年到厦门竹树堂当传教士，1948 年到龙岩当女子学校（泓莹注：龙岩培德女子学校）校长。许扬三来做英华校长，事情就有了变化，我就要求半工半读，没法全心读书，兼做图书馆工作，在百友楼，从楼上找书，用绳子吊下去给借书的学生。那时管图书的叫黄瑞甫，是我小学同学，没有辍学的他已经毕业了。

我三年多没上学了。复读的第一学期寒假时，祖母说："没办法咧，没法供你读书了。"叫我到一家店面去当学徒，做伙计。这下我想，完了，真的没书读喽，不要想了。

这时，多亏了我们以前的年级主任邵庆彰，他是沈省愚先生的小舅子。他对我印象很好。咱这种做孩子工做伙计的人，总是比较能劳动，班里有钱人的孩子很多，而我，洗地板一个人也洗得。他当时看到了，在期末评语中写道："有内在之美，服务精神冠于全级。操行评定是甲甲……"

第一学期读完我就辍学了，新学期开始邵先生从同安回来，他到姐姐那里过假期去了，回来看到我在小店里做伙计。有一天就带着钱到店里来，他搂着我的肩膀出来，本来是要到里面，可里面没地方可说话，就叫我到外面来。

我穿着"木屐杯"（音），咯咯咯的随他出来，走到现在的第二医院附近，他说："咱读书，无论如何要读到高中毕业。"我说我没办法，即使免费也读不了，因为伙食还是要钱啊，我是真的没办法！他说："现在有个人要帮助你，为你提供学费和伙食费。"结果，每每到学校发工资之后，他就把钱拿给我。我心里是明白的，当时就想是他自己的钱吧。

就这样，1946 年重读，邵庆彰先生在许多方面都照顾我。有一天同安的李牧师，就是李良荣的叔叔，要载救济面粉去同安，需要帮工，工作很简单，分筹码而已。邵庆彰先生特地让我停学一天去帮忙，因为他知道这是有工钱的。夏天的时候，他让陈其凯父亲帮我，陈其凯是我初一和幼稚园的同学，他父亲是救济总署的，特意来叫我去工作，一天有5磅面粉，其实一个月也就150磅，却把我乐坏了！

那时我祖母还在呐。姑姑常常去弄帮，混口饭吃。她总是和黄福华的母亲还有一个五金店的头家娘，和他们弄帮度三餐。她的孩子们都回了内地，不通信了。

我哥早年去海澄教小学。我姐他们去重庆，第一个姐夫是中央军官学校出来的，老蒋的部下，不知怎么没了。姐姐在抗战胜利后又结婚，姐夫是航运的，他们都在重庆。

邵庆彰先生在1947年去菲律宾，照样每个月寄钱来，支持我读到高中毕业。那时教会活动很多，我教过校友小学的主日学，殷承典和蔡望怀都算我的“学生”。承典说他对我印象深刻，我给他们讲过故事嘛。我们活动的时候也曾经请殷家兄弟来弹琴，兄弟俩双奏，那时不过五六岁（笑）。

记得我们英华基督教青年会当时做了一本书叫《英年》，是我们学生自己办的。我负责招广告来印刷，张圣才先生还帮我介绍了一些关系，学生没有钱，我们募来一点钱，印了300本，还略有剩余，用来开茶话会。

我和张石生当时有来往，他的女儿我也熟。

高中毕业后，有一天，我正在表哥的布店唠嗑。恰好同安启悟中学的校长从这儿走过看到我们，大表哥当年在启悟教过一年书，校长认识他，说学校正缺教师呢。大表哥马上就介绍我去教书，校长答应了。说起来运气真是不错，我一毕业就有工作了，此生我从未失业过。

1949年2月，是农历正月，我就去教书了。校长问我能教什么，其实当时非常缺人，高中毕业就不错了。我说英语、代数吧，这两科我强些。

我在英华读书时英文不错，记得高三上有一次厦大的老师来主持考试，考的是大学生的考卷啊。就是突然让大家规规矩矩坐好，发下卷子，

20 世纪 50 年代初，高恩惠（后排右三）在同安启悟中学与学生合影（高恩惠供图）

大家不能动，说开始才开始。这是很严格的考试，我居然得了两个 48 分，那时，47 分半就已经很不错了。47 分半就算高中毕业程度了。全班就 7 个人达到高中毕业程度。

我是不作弊的，咱是基督徒，这点底线还是有的。所以我才敢说我可以教初中的英语和数学，初中的英语比较简单嘛。同安启悟中学是我做教师的摇篮，我在那里教了两年书，工资是 200 斤白米，给米条。第二学期就遇到解放了，一个月 239 工分，折成钱是 40 多元，后来就一直是 70 多元，还比较高。

咱是从无到有，比较知足，没有职称也无所谓。1988 年才开始评职称，我 1986 年 60 岁就退休了。

我说个故事给你听啊。1949 年 9 月 14 日，学校让我到厦门岛内来领美国教会的津贴，老师们都等着发工资。这些津贴最后要兑成白银，3000 元的港币换成 450 美金，再用美金去换白银，近 900 元吧，用皮袋装着，那带子居然就断了，只好用绳子捆起来挟着走。

有趣的是，那时去同安，要从第一码头雇小船到集美坐汽船，汽船是泊在海中央的……9 月 14 日去厦门岛内领钱，9 月 16 日要回同安，到集美的时候，糟了，国民党军队检查，人归人，行李归行李。

那时我整个傻了，全是白银呢，让他们看到不将我当走私犯捉起来才怪！我拿路条给他们看，麦邦镇校长的路条是这样写的：兹有我校某某人到厦门领美国公会津贴费多少多少，请给以方便如何如何。落款是启悟学校校长麦邦镇。

阿兵哥问我："麦邦镇是美国人咧？"

我老老实实告诉他不是。

"过去过去过去。"他说。

就这样过关了，真险啊。主要就是美国公会津贴费这几个字起了作用，要没有这几个字，这些白银早就被他们抄走，当作走私物充公了。

当时在同安，牧师娘教我英文，我也教过一位医生娘说闽南话。这位医生当年为我做过盲肠手术。

泓莹：您家是信基督教的，您是真正的教徒。

高恩惠：是哦。后来姑姑们将案桌之类的都劈去烧火了，这叫除偶像。两个姑姑和祖母都是信基督教的，开店的姑丈更早一点就信了。

泓莹：您觉得鼓浪屿当年的教育成就与基督教传播有关么？

高恩惠：有关。过去鼓浪屿的孩子，比如我两个姑姑不识字，但她们读妇学，有白话字，所以能读《圣经》。我这里还有白话字的教材呢，小时候在养元小学就读白话了，以前小学教学用闽南话。

现在电脑的拼音与原来的白话字（拼音）差不多。我现在教孩子们白话字，多半一周就会了。厦门港教堂有两三个人现在还来跟我学呢，因为他们自己唱闽南音圣诗，发音不好。

闵牧师娘当年教朱思明钢琴，后来朱先生在美国归正教会中的演讲全用英文。朱先生大我三岁。早年我在店家当伙计，店家是信佛的，我有一本英文《圣经》，翻来覆去地读，反正他们什么也不懂，不知道我在读什么。我当时也经常去参加教堂里的英文早经班。

再说说资助我读高中的邵庆彰先生。他 1947 年到菲律宾，起先教书，后来献身主怀，据说他早年也是在别人赞助下去美国读书的。他并不是有钱人的孩子，他的母亲，我们叫邵先生妈的，在鼓浪屿也是“吃头路”——许多穷苦的学生是这样读出来的。

我当时半工半读，影响学业，学业欠佳，在初三上学期休学，高一没读，读书总是比较吃力。当时我没钱买书，我的大部分课本是抄来的，去买“玻璃瓶担”（收废品）上的旧作业本来抄课文，一面有字，一面没字，我一直用这样的本子来抄书，英文抄得熟极了！几年下来，我总共就买过一本代数而已，大部分课文是抄的，有的是借的，比如历史课本，很厚，抄起来可麻烦了。

我到现在还有利用废纸写字的习惯。

泓莹：您这是家道中落，否则也是少爷。

高恩惠：大概是吧，不过那个时候年纪太小，不懂啊……因为穷，去台湾时，班里提倡大家都去。我说我没钱，大家都同意我不必交钱，却又叫我管钱（笑）。大家蛮信任我的，我做过英华青年会会长。

我后来又读师范函授，教数学。这一生一直做教师，直到在外国语学校退休。我的学生中，有成就的有很多。

启悟中学是私立的，工资比较低，本来 1950 年我要回来了，启悟中学不放，他们缺教师。1951 年 2 月至 1952 年 7 月在主光小学教书，1952 年教育局要调我去教中学，当时是我们在英华的老师陈洪之主政，他说："集美学校工资高，你去吧！"他们都知道我家境困难。谁知集美学校是私立的，他们自行聘用教师，当时的回话是说人员已满了，不缺人啦。本来我们的欧阳琦先生在那里，打算叫我教几何。我去集美学校，他们的校长安排住宿，第二天就叫我回来。最后我到禾山中学去了，下放回来到东孚中学待了一段。

我下放到南靖船场，没多久，就出来了。

我不是党员，但党支部开会居然我要去主持，三个支委三条心，不和嘛，"文革"时笑话真的很多。咱就是比较老实么，当时下放干部很多，有的报到一下就走了，我始终待在那儿。他们说，下放干部有文化，要做"920"，我认真做，成功了。

后来就调到公社办了个"920"厂，给我三个知青，女的。有一个不习惯，闷昏倒了。当时在密封的环境熏福尔马林！我自己买了些微生物的书来看，才知道"920"叫赤霉素。稻子疯长多半就是感染了赤霉素，根部都生满白色的菌丝，这就是赤霉菌。猪吃这个也长得快，一天长一斤；没吃的，只长半斤。

我们做的赤霉素交给大队去卖，钱就当作大队的费用。这赤霉素还治好了我夫人的富贵手。

鼓浪屿音乐之子：时空与旧影叠印成诗

——庄德昆先生口述实录

口述人：庄德昆

采访人：泓莹

采访时间：2018年8月4日、8月30日

采访地点：庄德昆家

《祝酒歌》表演现场（姚凡摄）

【口述人简介】

庄德昆，鼓浪屿人。国家一级演员，中国音协会员，福建省音协声乐专业委员会副主席、厦门音协原副主席。厦门大学艺术学院、厦门大学嘉庚学院客座兼职声乐教授，福建省神学院特聘声乐教授。

庄德昆照片（庄德昆供图）

我 1949 年 10 月 1 日出生在鼓浪屿鼓新路 23 号。①我们是惠安人，我们家有五个孩子，大姐、二姐、我，还有两个妹妹。

母亲 9 岁时，就跟着自己的母亲到鼓浪屿找她的堂舅，也就是我的堂舅公章永顺。章永顺当时是鼓浪屿名医，同时也是淘化大同罐头厂的发起人和股东之一，鼓浪屿鼓新路 23 号是他自建的私宅。母亲的记忆力很好，我曾经用三元借给我的录音机给 90 多岁的老母亲录音，至今保存完好。章永顺很疼我母亲，将她送到怀仁小学去读书，她穿着鸡公鞋和内地衫（惠安乡下衣衫）去上学。第一天，鼓浪屿那些有钱人家的

---

①庄德昆先生出生年月是 1949 年 10 月 1 日，调动时派出所错改为 1950 年 10 月 1 日。

孩子都围过来看她，把她吓坏了，回家连续发烧好几天，不敢到学校上课了。我母亲的智商非常高，她后来玩笑地跟我们说："我要是有读书啊，说不定就能当女王了！"

鼓浪屿名医章永顺和他的孙辈（庄德昆供图）

后来，母亲没有读书，回到惠安乡下，很小就嫁人生子，第一任丈夫很早就过世了。她生了一个漂亮男孩，那时乡下有许多土匪，专门抢男孩儿卖。所以，母亲白天让她祖母看孩子，自己下田劳动，晚上抱着孩子跑到山里躲起来。她自己还是个孩子啊，结果一周之后，孩子惊吓过度，夭折了。

成了寡妇的母亲又来到鼓浪屿鼓新路 23 号投靠堂舅章永顺，她在这

成了寡妇重回鼓浪屿的章乌梅（左一）（庄德昆供图）

里主要做两件事：一是为堂舅带孩子，二是去挨家挨户送药。我堂舅公派药后让母亲按单子去药房抓药并送药，所以鼓浪屿的上层人士，比如卓全成、黄奕住、殷雪圃、庄仔杰等，都跟她非常熟，都叫她“梅仔”，因为我母亲叫章乌梅。母亲说，她人缘很好，“鼓浪屿一些大户人家还想要我当他们的媳妇呢！”

母亲说，她送药送得最远的是厦门金鸡亭那里，就是叶清河别墅。

章永顺早年从惠安乡下到鼓浪屿谋生，曾经在救世医院做清洁工，后来被培养成医生，应该说他是鼓浪屿最早的华人西医之一。他在鼓浪屿和记崎、厦门岛内中山路都有药房。他虽然是西医，但也常常用中医的手法，他中医也很“猛”的。我听母亲说，当年常常有美国水兵来找堂舅公看病，治梅毒。她说小时候看堂舅公用药，就是用“燠烘”咸菜[①]，咸菜是越陈越“燠烘”越好，捣烂了加点消炎药敷贴包扎，就这么简单。惠安人擅长做酱做咸菜嘛。

我问我母亲怎么没学一下。她说那时她还是孩子，年轻不懂事啊。

但我母亲有个治痔疮的秘方，就是向堂舅公章永顺学的，很严重的

四个月大的庄德昆和两个姐姐（庄德昆供图）

痔疮都能治，治好了许多人。她的病人，其中有一个是我妹妹所在干休所的司机，开车时痔疮发作很痛苦。听说我母亲会用秘方，就来找我母亲，

①咸菜消炎可能有点根据。据说旧时人做咸菜，常常找有脚癣的人去踩，越刺激越痒，越痒越使劲踩，咸菜好食，脚癣也好了。

涂两次药痔疮就收敛了，他过年过节都要来慰问我母亲。说起药方，其实也很简单，匏仔（葫芦瓜）的蒂趁新鲜割下，用簇新的瓦片烧柴火烘干了，直至匏蒂乌黑，然后碾末，痔疮发作的时候调正宗的茶籽油涂患处，红肿的痔疮就会缩回去。母亲说，这药是可以收敛的，可以将痔疮收回去。[①]

母亲是很有爱心的人，她一直在堂舅公家做事，经济比较稳定。后来，经人介绍和父亲结婚。当时父亲很穷，带着一件毯子就进了家门。

父亲也是惠安人，与母亲同乡不同村。父亲长相俊朗，他和叔叔兄弟俩都很俊。当时的高甲戏是堂会，挑着担子走村串户表演，堂主看中了这对兄弟，就强行征用他们演戏，没法，就跟着走了。所以兄弟俩从小跟着戏班演戏，有一天演到泉州，兄弟俩就跑了，与自己的父亲汇合。父子三人跑到厦门，自愿做了猪仔，下南洋赚钱去了。父亲说他不爱演戏，他对我说演戏很辛苦，他当时还是孩子呢，就要帮那些名角挑戏服道具。

父子三人去了新加坡，找不到好出路，只好去钉船运货用的木箱子。整天钉箱子，没地方住，只好住在亚答屋，下雨湿淋淋，再加上蚊虫叮咬，实在苦不堪言。父亲后来又改去开车，最后混不下去，和叔叔一起回国，到厦门用赚来的一点钱在文灶开了一个米粉厂。谁知不到三个月，被土匪抢光了，没法生活，就去别人的米粉厂当师傅，做米粉，而我爷爷在南洋一直没回来，也没消息。

父亲和母亲是惠安亲戚撮合的，就是陈贵嫂，我们叫她陈贵婶。陈贵婶姓章，是母亲这边的亲戚，说起来算亲堂吧。她住在文灶，就是现在的消防那边。陈贵婶看到父亲落魄不堪，就介绍他和母亲认识。父亲结过婚，有过一个孩子，但死了。父亲的前妻和儿子都早逝，他的婚姻状况和

①估计这药方起主要作用的是茶油，茶油的确有消炎收敛之功效。

母亲有些相似吧。

父亲母亲就在鼓新路 23 号结婚，那时起我们就一直住在这里。

说到艺术传承，我的确遗传了父亲不少艺术特质。他生得俊朗，嗓子又好，自幼接触戏曲，会唱戏，会拉二胡，会打鼓板。新中国成立后，厦门公园有义务的戏班子，搭棚唱戏，他常常去参加。米粉厂很多人是他的朋友，这些朋友都爱听戏，他经常上台去唱，不拿钱，也不希望别人知道他小时候唱过戏。父亲自尊心很强，很爱面子。

因为父亲懂地方戏剧的缘故，从小我们兄弟姐妹就会唱一点高甲戏，唱“出门过山坡，砍柴真辛苦”，《桃花搭渡》什么的，我们兄弟姐妹从小就会表演。

20 世纪 50 年代全家福（左一庄德昆）（庄德昆供图）

当时鼓浪屿有讲古桌仔，父亲非常喜欢，每天晚上都去听古，听古回来再重复讲一遍给我们听。中国古典小说比如《三国演义》《水浒传》《说唐全传》等，他是很熟的，我们的语言表达能力就是这样被训练出来的。父亲早年没有读过书，新中国成立初进扫盲班，读到初一，算是有文化的“知识分子”了，公私合营时他就当了小组长。1966 年“文革”，他竟也可以从头到尾读“毛著”了。

说到生活啊，一个人一条路，父亲的生活道路并不顺利。有一年连续三个月下雨，米粉做不出来——做米粉是靠天吃饭的，一下雨米粉会发霉，总之这一年很不顺。这时有一个好朋友，住在鼓浪屿，也是惠安人，他在厦门港制冰厂工作，就来劝父亲换个工作，劝我父亲说不要做了，去他那里，那里是政府的门路。父亲想想，孩子这么多，多挣一点钱总是好的，就出来了。结果正赶上公私合营，政府突然出台一个政策：所有企业暂时停止招工，父亲这边米粉厂辞了，制冰厂又进不去，两边门路都没了！父亲说，当时若不从米粉厂出来，最后当厂长是没有问题的。但事实是，他的下半辈子就只能做临时工了，一辈子给人打工。父亲曾在二中做过校工呢，二中校舍刷灰水，修理沟渠，什么都做。许多朋友，许多二中的学生都认识他，叫他“阿辉师傅”。

母亲的堂哥们章茂林、章茂盛，算起来我要叫他们表舅吧。章茂林品学兼优，他先在上海圣约翰大学获得医学博士，后来到欧洲游学进修，我见过他的毕业证书。章茂林回国开药房，后来是厦门中山医院第一任（执行）院长、厦大医务所的所长，他的太太和林文庆等人有一张合影。章茂林娶了林荣庭的姐姐林敏筹，所以我们和林子达家人也很熟。当年章茂林不愿意为日本人看病，被关了起来，我妈还为他送过饭。

我在鼓浪屿所处的地位是很微妙的，我对鼓浪屿底层和高层生活都

章茂林、林敏筹、林荣庭（1926年摄于意大利罗马）（庄德昆供图）

有所了解。说起来，我的父母算底层人士，但我们又生活在鼓新路23号堂舅公章永顺富裕的家中，章家两位表舅属于上层，（孩子们）被卡在中间。其实我们是受益的，尤其我是特别受益的。

从音乐来说，父亲给我中国戏曲方面的影响，章家这边给我西洋音乐的熏陶，我两头受益。章家经济富裕，很早就有蜡筒唱机即爱迪生唱机，一个蜡筒用钢针去听，只能听5次，再听音质就不好了。他们经常听莫扎特和意大利名曲。我很小的时候，就常在章茂盛家用餐，和表哥章家乐听腊筒唱片。

当然，最重要的文化底蕴和音乐积淀来源于基督教。章家长辈和我

1949 年厦门市医师公会第四届会员大会（二排左六为章茂林）（庄德昆供图）

的父母都是虔诚的基督教徒，他们每个星期天都要去鼓浪屿三一堂做礼拜。从小我就在教会主日学唱歌，圣乐滋润着我们的心灵。小时候我们吃饭前一定要祷告，在很长的一段时期里，我母亲在的时候，过年过节兄弟姐妹相聚饭前必祷告。

宗教的影响是深远的，我说个笑话。小时候，晚饭后做罢功课，洗过脸和脚，我们兄弟姐妹四个上床第一件事就是抢枕头，抢到枕头就能与母亲睡在一起。我们个个争着要和母亲一起，因为母亲会唱歌，她睡前必唱《圣诗》。我家有一本白话《圣经》，母亲能从头读到尾，她自幼会背诵《圣诗》，97 岁到生命最后时刻，她居然还能将《闽南圣诗》第一首从头到尾背得清清楚楚，那时在医院，蒿牧师和医生们都很吃惊，说："哎呀，这个记忆太好了！"可惜这些白话《圣经》、圣诗，后来都上交了。

父亲还在米粉厂工作的时候，母亲每天都把我们打扮得漂漂亮亮的到轮渡去迎接父亲回家。不了解的，还以为母亲帮什么有钱人家看孩子，而这些孩子是她亲生的（笑）。其实我们很穷，这些服饰都是章家舅公留下来的。新中国成立后，章家的人大部分出国去了。我母亲受益于她的章家堂哥很多，他们家是有钱人，待母亲十分好。

章茂盛是章永顺次子，在上海沪江大学学商贸，回厦门后担任东方汽水厂的总经理。他很厉害，东方汽水厂生产的沙士汽水方子是他配的，据说这个方子已经失传。他同时是鼓浪屿教会福音堂执事，我有一张照片，我的堂姐章莉莉也是唱诗班的，就是站在最旁边的那个。我把这张照片拿给殷承典看，他认出好多人，许多是有钱人家的孩子，后来鼓浪屿出的许多杰出音乐家，比如钢琴家丁嘉德，比如殷承宗姐夫 5 个兄弟姐妹都参加了。殷承宗和殷承典当时就是一丁点大，唱童音。我小时候过的日子很不错，母亲只生了我一个男孩，章茂盛很疼我，看到我就拉手叫“昆仔”，用碗装东方沙士汽水给我喝。

小时候我接触了大量西洋音乐。有一段时间，我们鼓新路 23 号楼上刘道康是省歌舞团的男高音，他常回鼓浪屿探亲，他是我的第一位声乐导师。后来，我参加厦门“老四队”演唱一些“革命歌曲”，私下里我经常和一群好朋友聚在一起，唱一些古典歌曲和外国民歌。

当时警察常常来“光顾”，可能是有人去汇报，说我们唱靡靡之音。我们常在我表舅章茂林家的楼上，就是三一堂对面唱。章茂林的外甥叫林龙。阿龙他们楼上有钢琴，我们经常在那里唱歌。有时居委会管治保的人就会上来，问我们大家唱什么歌。我说我们唱毛主席诗词，“北国风光，千里冰封，万里雪飘……”还有一些阿尔巴尼亚革命歌曲。反正他们听不懂《小夜曲》，一般问问就走了。

陈扬熙是杂才或者说是全才，智商很高。儿时因为音乐的缘故，我们就常常在一起，虽然他不读侨中，但和我很要好，不是一般的关系。后来，

庄德昆和挚友陈扬熙（左）在鼓新路23号（庄德昆供图）

我介绍他去前线歌舞团考试，他业务考试没有问题，那个团长非常喜欢他，待到政审后，团长悄悄对我说："嚯，你这个朋友，家庭比联合国都复杂！"

扬熙的父亲就是林屋的外孙陈其凯牧师，陈其凯的父亲叫陈和安。陈和安先生早年很有名，他跟我关系很好，我在省歌舞团工作的时候常常去看他。他曾经给我讲过许多老鼓浪屿的故事。

陈和安是英美烟草公司在福建的总代理，这个代理点在福州，新中国成立后变成食品公司，他作为外资的代表工资蛮高的。但陈和安先生常年在外，离家太久了，家庭就有些问题，导致老夫妻后来不大来往。我在福州工作的时候，陈其凯有时会去福州看他，他总是先到我那里，然后我们一起去看他父亲。他当年对我说："阿昆，你帮我照看一下父亲。"后来，我就经常去看陈和安先生，七八十多岁的老人，独自住在破旧的木头小屋里，常常用煤油炉随便煮点面条果腹，很可怜。我有时就会从省歌舞团给他带点菜。

陈和安后来退休回到鼓浪屿，我母亲经常去看他。那年台风，扬熙摔伤了，家里没帮手，母亲有时就会去为他们挑水。他们住在四楼，楼上常常停水，母亲帮他们一点忙。不过，陈和安先生回鼓浪屿不久后就过世了。抗战时期，厦大迁到长汀，陈和安是总务，具体负责搬迁事宜，他曾对我说："太可怕了，一只装满了东西的船要偷运出去，一定要算准时间，立刻突围，否则让日本人发现，机关枪'咯咯咯'把你全扫死！"

林屋是一个很重要的地点，我在林屋住过。鼓浪屿还有一部分厦门的名流，经常在林屋开音乐会，那是真正的自发的家庭音乐会，我们要是晚上唱歌，西林别墅那边的台阶经常坐满了人，所以说我们是鼓浪屿有规模的家庭音乐之始祖。你想想，有那么多热爱音乐的年轻人没事干，不唱歌做什么？那时鼓浪屿的孩子，唱歌啦，踢足球啦，游泳啦，偷摘人家水果啦……

我之所以被叫作阿鸟，就是因为太调皮了，鼓浪屿每个山头都爬过。哪一株的龙眼是什么味道我都记得清清楚楚。

我们当时在春草堂、林屋、郑重阶家都聚过，许斐平若回来，许家也是一个点！许家兄弟和我二姐庄德华是中央音乐学院的同学，我们跟他们很熟。二姐是 1961 年小学毕业考上中央音乐学院附中的，当时招了 6 个人：姐姐的专业是小提琴；还有一个张慧堂，住我们家下面，吹双簧管；吴高强，弹钢琴；汪来庆，厦大汪德耀的儿子，小提琴；还有一个叫沙利，住在杨家园，弹钢琴；张惠珍，也是鼓浪屿的，笔山小学的。

那年 6 个考入中央音乐学院的学生都是鼓浪屿人。

1961 年从北京来鼓浪屿招生的是上杭人练达智老师，后来成为我二姐的班主任。他对福建充满感情，说鼓浪屿是出音乐人才的地方。鼓浪

陈扬熙与林屋（庄德昆供图）

屿人的音乐基础的确很好，比如殷承宗，他是中国钢琴的一个很重要的节点，他在中国音乐与钢琴演奏上的成就与贡献是不可否认的！这是吴雁泽有一次来开会时跟我说的，吴雁泽跟我挺好，他把发行的第一张唱片送给了我。

这六个人我都与蔡文田说过。我说你要写鼓浪屿音乐家，一定写要有贡献的，副教授以上的，在国家一级单位工作的，有一定分量的人……我为蔡文田先生提供过一些鼓浪屿音乐人才的资料。

鼓浪屿实在是最好的音乐摇篮。连菜市上那个电影院，这段时间一直进入我的脑海里，它对我的音乐生涯的影响显然不可忽视。我从小喜欢看电影，特别喜欢电影中的插曲，基本上是看完电影就去学唱，而且很快

“文革”后期，鼓浪屿春草堂家庭音乐会（左起：俊健、庄安仁、陈赞庆、陈扬熙、庄德昆，伴奏林龙）（庄德昆供图）

就会唱了，相信不少人有同样的记忆。

鼓浪屿出来的音乐人才很多，包括陈赞珍，她就是陈赞庆的姐姐，他们母亲和我母亲很好。陈赞珍早年在鼓浪屿教会时就唱得非常好，名气很大，据说她在民国时期演唱，后面是有卫兵护送的，阵势很大。陈赞珍的丈夫是国民党海军中将，国共战争中他们就撤了，到台湾定居。后来她到意大利皇家歌剧院留学，毕业完她举行全球性的演出。

陈传达，相当优秀的作曲家；陈纯华，女高音，她是扬熙的大姑，后来做香港良友电台宗教音乐台的总监，90 多岁才去世；双胞胎李世安、李世康的母亲，女中音；李未明的母亲颜宝玲，女高音；还有住在厦门的女高音杨心斐；等等。

从鼓浪屿出来去中央音乐学院读书的还有杨锡安，杨牧师的姑姑。

我是在华侨中学读的书，就是鼓浪屿人说的“侨办”。华侨中学是1958年成立的，所谓“两条腿走路”，依靠侨资建校。1961年改名叫鼓浪屿华侨中学。我小时候实在太顽皮了，不爱读书，体育比较好，当时被一位印尼归侨教练叫到四中（即当时体校）训练，天天等着吃香甜的五爪面包，两个月下来，成绩一塌糊涂。本来我就不爱读书，去体校游泳训练的结果是科科不及格，被父亲痛抽一顿，他便不让我去训练了。

但我理科比较好，1969年华侨中学并入二中时，我已经考入厦门商校好久了。我是商校第一届学生，事实上我是初中肄业，初三上学期就被招到商校去了，早期商业职业学校在鼓浪屿内厝澳一个很大的别墅上课。后来搬到水仙宫党校，就是同文的旁边。我是读商业会计的。我商校毕业后原本分配到中国银行，那时有20个学生分配到中国银行。

后来知青要接受再教育，1968年，军管会将所有的分配方案都打乱了，

1966年，庄德昆在北京（庄德昆供图）

1965 年 3 月，厦门商业职业学校开学典礼（庄德昆供图）

所有的大中专毕业生都要到乡下去接受再教育后才能回来。我被分配到上杭通行公社，就是才溪，很偏僻的地方。因为我“文革”后期曾经与曾若虹他们参加过宣传队活动，大家知道我会唱歌，我便参加了新的四队，是不分派不分“促联”“革联”的一个宣传队。我和陈扬熙、苏汉珍、黄钟都参加了，演出许多节目，比如《井冈山的道路》《毛主席来到军舰上》《八角楼的灯光》等，我担任领唱和独唱。本来厦门市文化局要留我下来搞宣传，我问工资多少？他们说 18 元，从学徒工拿起。母亲说，那怎么行，还是下乡去吧。当时我中专毕业，月工资 30 多元呢。

我算商校毕业生中最后一个走的。我是从第一码头下船的，父亲去送我，宣传队的人也都去送，可惜照片没留下来。当时要坐船仔去对面（即嵩屿），再坐车去漳州，再从漳州去闽西。

若虹他们下乡也去上杭，我们又一起“斗阵”了。这时上杭县里就组织了一个“四面办”宣传队，实际上是为知青宣传的，宣传队成员也基本上是知青文艺骨干，就把我调上去了。我们走遍县里每一个村庄，20 个公社都走遍，天天表演。这些朋友后来都很有成就。

1970 年年初，县里要成立文工团。宣传部部长说，庄德昆这么高，跟我们贫下中农不合群嘛，不协调嘛，把他调到县农械厂！我平时在农械

1970 年，宣传队成员在上杭大桥留影（庄德昆供图）

厂，他们要演出的时候就会叫我出来唱歌。

我在农械厂待了一段时间，省歌舞团要排练《沙家浜》，就有人推荐他们来找我。于是，通过考试，1970 年我就调到省歌舞团了。刚招进去我就是独唱演员，至 1988 年调回厦门之前一直是独唱演员，应该说业务一直在省内占据最高峰吧。鼓浪屿的孩子，要走出去才有出息，我们的“闽”字，不就有个门字壳嘛（笑）。

1975 年，文化部举办全国独唱独奏重唱重奏调演活动，每一个省都要组织一个代表队。福建省选了很多人到省里集训，最后选了七八个节目，代表福建省到全国表演，真正到北京的，独唱是我、吴培文、钟振发，黄钟是和福州严凤二重唱，龙岩还有一个树叶独奏，钢琴独奏是杨鸣，小提琴独奏是温志农（丽珊），我独唱是李未明伴奏的。就是那年，我和丽姗、杨鸣都获得了全国最高奖。我和黄钟可以算深交，他也很爱唱歌，“文革”时有一段时间住在我们家，我们一起唱歌。我也很爱去他家，他母亲做的红烧肉好吃极了。

1980 年，我考上中央音乐学院声乐系走读研修生班。当时考试，唱

部分宣传队成员在光荣亭留影（左一庄德昆）（庄德昆供图）

1970 年国庆省歌舞团演出剧照（中庄德昆）（庄德昆供图）

1971 年，庄德昆与省歌舞团到厦门慰问驻军（庄德昆供图）

了两首歌：《多洒一滴泪》《嘉陵江上》。我在中央音乐学院读了两年，师从吴天球、沈湘两位先生。沈湘先生在“文革”中挨批斗时我就和他相识并拜他为师，当时是没有人敢去学这个的。我记得很清楚，“文革”时沈湘先生每天早上 5 点就背着背篓，手里拿着夹子，去厕所夹那些人

1975 年全国独唱独奏重唱重奏全国调演（演唱者庄德昆，伴奏李未明）（庄德昆供图）

1975 年演出后留影（右起：吴培文、李未明、庄德昆、黄钟、朱国义）（庄德昆供图）

1975 年，福建省为参加全国独唱独奏重唱重奏调演而举行的培训班（庄德昆供图）

家用过的纸，然后倒掉……那时基本上是没有人敢去找他的。这么多年来，我和沈先生关系一直很好。吴天球是厦门同安人，著名的男低音歌唱家，也是很严谨的声乐教育家。他们都对我很好，两年下来，我在演唱技巧上有了质的飞跃。1982 年，我在北京举办了两场个人独唱音乐会，演唱普契尼经典歌剧《波西米亚人》、咏叹调《冰凉的小手》等二十几首中外名曲，最高音到 C3。我这两场独唱音乐会由吴天球夫人黄媚莹教授伴奏。独唱很耗体力，精神要非常集中，功力要非常扎实，那时吴天球伉俪天天让我中午到他们家吃饭，天天让我喝鸡汤，说独唱消耗大，需要补充营养。他们人太好了！

我曾经得到太多好人、能人的帮助，所以也懂得如何去善待别人。

之后我参加中央音乐学院师生团到浙江、福建一带的演出。这是中央音乐学院建院以来罕见的大规模的师生演出团，由学校“红领巾交响乐团”徐新教授指挥。当时独唱演员有四个，男高音是我，女高音邓桂萍，女中音梁宁，男低音刘跃，他们后来都成为中国音乐界的骨干、世界级的歌唱家。二胡独奏是姜建华，一流水平，当时小泽征二来中国听他演奏，听到流眼泪……

庄德昆与胡松华（右）在北京西苑旅社留影（庄德昆供图）

沈湘先生是我们声乐组的艺术指导。沈先生这时已经有心脏病，但仍然坚持和同学们一起吃住，并担任音乐晚会的总顾问。那年我和老师同学们在龙岩过年，我们邀请原鼓浪屿救世医院外科主任温绍杰和温医生娘林俊绵一起欢度春节。他们俩边弹边唱，令我印象深刻。

那时温医生一家有时会到福州来，住在化学家、省物构所所长卢嘉锡家里，他们关系很好。温医生一家当年是不回厦门的，总是龙岩—福州、

庄德昆在中央音乐学院大门留影（庄德昆供图）

庄德昆与沈湘（左）、李晋玮（中）伉俪在北京天桥剧场合影（庄德昆供图）

龙岩—福州地跑，所以我和温医生一家很熟。我每周都要到省京剧团的朋友苏汉珍那里玩，中午在那儿做饭，我和黄三元当时经常在那里玩拳击，苏汉珍是拉小提琴的，也是拳击高手。这样一来，大家就很熟了，苏汉珍也是鼓浪屿孩子。

很早吧，就在我初中、商校这个阶段，我们就经常在鼓浪屿开家庭音乐会了。至于北京，我是年年要去的。1966 年“文革”，我是“逍遥派”。家里被抄，东西一交出去我就怕了，跑到中央音乐学院，找正在读小提琴专业的姐姐。有一天她帮我拍了张照片，就是拿小提琴的那张。第二天，她就跑到新疆串联去了，叫她一个同学照顾我，那个同学给了我 5 块钱。姐姐那些同学，都是人尖子啊。姐姐一个同学的儿子现在是中美经济家协会主席。

我的经历，说起来也简单。我出生在鼓浪屿，在鼓浪屿生活了 20 年，在上杭不到一年，就调到省歌舞团。1980—1982 年在中央音乐学院进修，然后再回到省歌舞团，1988 年调到厦门卷烟厂，至今 20 年。

当年在中央音乐学院读小提琴专业的二姐庄德华（庄德昆供图）

1966 年到北京找沈湘先生学声乐的庄德昆（庄德昆供图）

福建省政府第一次组团出访日本是在 1983 年，由文化厅厅长万里亲自带演出队出访。我们有两个任务：一是福建和长崎缔结友好关系；二是厦门与佐世保也是友好城市，我们这次出去，既代表福建省也代表厦门市。我们在佐世保演了两场，就是代表厦门。

我为什么会想回厦门呢？一是母亲老了；二是当时都是流行唱法，

在日本平户拍摄的福建文化代表团集体照（后排左七为庄德昆）（庄德昆供图）

我们传统唱法不吃香嘛，我想去日本留学，录取通知书总共收到三次，但团里一直不放，我就想先回自己的家乡，从厦门走，而且我姐们在香港的公司在日本有办事处。

那时余汉哲先回来了，他是省歌舞团的，也是我的同学。我原本要到电视台，这是洪永宏介绍的，他早年是省歌舞团的男高音、歌队第一任队长。那时厦门正在组建电视台，但是电视台领导说户口要半年才能解决。那时不是说厦门岛内要封关么？我妈说："哎呀，你赶快回来吧，再不回以后就进不来了。"这时汉哲问我，厦门卷烟厂去不去。我说只要户口能回来，到哪都行。他就打电话给白浪，当时白浪是卷烟厂工会主席。

卷烟厂的领导还不大愿意呢，厂长对白浪说："咱们烟厂要一个文艺水准这么高的人做啥？"白浪给我打电话说："完蛋了，领导好像不太喜欢。"他给我出了个点子，说快过年了，年终总结有个表彰会，让我露一手，唱一下。我一唱，厂长林启发就来和我拥抱，说："很好很好！"

那天我唱的歌是《在那桃花盛开的地方》。

为什么后来又没去日本呢，是因为白浪。他当时想方设法调我过来，我一提出要出国，他很不开心，就让我打报告。他拿着我的报告去开会，会后出来，他悄悄说："德昆，当时是我调你进来的，当时党委就有人担心你是要将烟厂当跳板，你现在这样让我很不好办。"我一听，当场表态："白浪，我不去了，留下来给你烟厂打工！"其实，给烟厂打工，还是搞音乐。

不久，省烟草公司马上借我去调演了，一借就是几个月。白浪又"生气"了："庄德昆，你是厦门烟厂的人还是省里的人？"我说我也没办法啊，这都是红头文件来调用的嘛。我觉得到烟厂来也没有浪费才华，不单经济上的，业务上也没有浪费。我多次代表福建省烟草公司参加中国烟草行业

庄德昆唱《鼓浪屿之波》，殷承典伴奏（庄德昆供图）

职工文艺调演并获奖，1992 年在北京六里桥集训，并担任中国烟草职工艺术团副团长。

换句话说，只要你真的有才干，这才干是会跟你一辈子的，无论什么时候，无论你在什么地方。回到厦门之后我就全身心投入声乐普及教学中，也经常在大型艺术活动中演唱。1996 年受聘在厦门大学艺术学院担任客座教授，这是我参与高校声乐教学的开始。这要感谢老友吴培文的引荐，他当时刚从部队转业到厦门大学艺术学院。高校声乐教学是研究声乐发声技巧的最好平台，搞教学也是搞研究啊，我乐在其中。

庄德昆到日本演出后留影（庄德昆供图）

如果谈演艺生涯，其实早在 1974 年我考总政歌舞团的时候就被录取了。那年黄钟也差点被中央乐团录取，可能政审不过关吧。当时省歌舞团到北京学样板戏，我姐夫带我去考总政歌舞团，他是中央芭蕾舞团专业创作组的。姐姐和姐夫非常希望我能到北京来，当时去考，省歌舞团团长很支持。

我考上了，回来办手续，省歌舞团团长却说他在北京的表态是他个人的意见，现在他要到省厅汇报一下。他这一汇报啊，回来就跟我说厅长不让我走，我姐他们在北京急得要命，一直打电话。可这里就是不放，那时参军其实不存在户口问题，姐姐他们说："你直接上来嘛。"

我问母亲意见，老人家不置可否，我后来想想就算了。

当年能将《冰凉的小手》唱到这种程度，我算第一个吧。这款唱法在中国不一定有市场，但这是代表国际水平的，因为我们是鼓浪屿孩子，

庄德昆演出剧照 1（庄德昆供图）

庄德昆演出剧照 2（庄德昆供图）

庄德昆1979年演出俄罗斯轻歌剧《货郎与小姐》剧照（庄德昆供图）

才有底蕴这么唱啊。1973年年底，在意大利留学的鼓浪屿著名花腔女高音陈赞珍回到厦门，当时，她的弟弟陈赞庆叫我和培文去华侨新村。赞庆说：“我姐回来了，叫我们去唱歌！”

“文革”期间，我、培文和赞庆就经常在一起了，以前在春草堂、林屋，太熟了。我们就去唱了，唱给她听，陈赞珍很认真地听，她很欣赏我的条件，说：“哦，国内还有这样的水平啊。”她说，像我这样的条件应该到国外去留学。我说没有钱啊，赞庆的姐姐立刻表态说：“阿乌，我给你做经济担保。”

当时我还小，家里就一个男孩，母亲舍不得。

最近陈赞庆回来，我们一起到林世岩老师家里，赞庆说：“当年我姐姐为你写的经济担保书，还锁在我保险柜里呢！”我说：“你什么时候带回来让我留作纪念吧。”他现在还在旧金山。因为我和他的关系，我才知道陈赞珍意大利留学之后举行全球巡回独唱音乐会这些事。

20 世纪 60 年代末，在春草堂唱歌的陈赞庆（右）与庄德昆（庄德昆供图）

她很欣赏我们的京剧，当时我们的京剧很发达，样板戏的唱腔其实很讲究的。她说，我们的京剧男声跟女声的唱法要求，与意大利歌剧要求基本上是一样的。听了她这句话，后来我在教学上就非常注意比较研究，一直坚持到现在，“高位、深支，正确的母音”，这是我们的精髓。她说，京剧就是东方歌剧，意大利是西方歌剧，京剧为什么能唱那么高，能唱那么长，而嗓子又不受损，这是值得研究的。

我研究人的发声，并将它运用到声乐教学中去。我在加拿大和俄罗斯都讲过课，好在我有许多外国学生，这次去符拉迪沃斯托克（海参崴）做评委，就是学生来翻译，也不要钱（笑）。这次来参与交流的有俄罗斯五大钢琴家之一，还有另外一位女高音，已经在莫斯科音乐学院达到最佳女高音的水平，她演唱莫扎特的歌剧《魔笛》选曲，以及《愤怒的火焰》，

庄德昆演出剧照 3（庄德昆供图）

庄德昆与钟立民（右）（庄德昆供图）

我与她交流心得，她说："你的方法 OK，你的教学方法是对的。"

至于教过多少学生，那就说不清了。深圳大学有一个学声乐的孩子，早上坐动车来，下午两点上完课仍然坐动车回去，已经坚持很久了。郑州有个教授，他是先到厦门听课，听完他就说："庄德昆我要找你上课。"（笑）波兰女孩阿厦，基础也很好，已经成功举办多次个人独唱音乐会。我的学生，还有从山西来的贾梦兰，厦门理工学院毕业的，为什么今年她的父母会邀请我和我爱人去山西旅游？就是因为我教了这个孩子声乐。我有自己研究出来的唱法和教法，这些从很多学生身上可以体现出来。我很自足，很充实，这就是声乐给我的成就感。我走到哪里都可以与音乐界的人交流，而且是第一流的，很开心。

我教贾梦兰这个方法，她学了四年，相当于上了本科。当她在厦门

庄德昆学生、纽约曼哈顿音乐学院学生贾梦兰（右二）演出剧照（庄德昆供图）

理工学院拿到光电本科文凭的时候，我对她说她的水平可以报考世界上任何一家高水平的音乐学院。

她似乎不太相信，但还是听了我的话，去考了托福。我为她写了教授推荐信，她自己到美国去考专业，当然之前我也给她很多演出机会。那

时有些老师有意见，说：“这孩子还是学生呢，怎么能让她参加这么重要的演出和比赛？”我说：“你们听听看，她的音色很漂亮。”虽然她当时的音乐素养还不够，但一听就知道是可以成材的。后来她参加了一个比赛拿到了全国第一名，就到美国去留学了。

贾梦兰同时被美国三个音乐学院录取，我让她选其中最好的。纽约曼哈顿音乐学院，是排第二位的，朱丽叶下来就是曼哈顿了。这次我才知道，和她一起在纽约曼哈顿音乐学院学习的有阎维文的女儿、金铁林的儿子。

这个孩子有故事，她从小很喜欢唱歌，之前她父亲曾经带她到北京拜师，但作为特长生她却没考上，回来后考到厦门理工学院。她有一个同学是学音乐的，在我的班上，她到厦大来听了我的课之后，就对我说：“庄老师，我要来听课，我要唱歌。”

我们的缘分就是这样来的，她跟我学了 4 年，在家里上课。我很了解她的水平，她的音乐记忆是惊人的，比如识谱，一首咏叹调刚唱下来，我给她作业，第二首她就会唱了。她在纽约曼哈顿音乐学院学的是古典歌剧系，这是最难的专业。一个 92 岁的老太太教的，是导师看上她的。

当时她考完回来，一直没有接到通知书，很紧张，我告诉她，绝对没有问题（笑）。后来拿到录取通知书她高兴得跳起来，她在美国读书上课，非常顺利，因为我给她的东西与现在老师的教法是接轨的，比如头腔共鸣，没有头腔共鸣就不是歌唱家嘛。唱歌不用气息的，用人的精神来唱歌，用人的支持力来唱歌，当然要训练这个啦。

去纽约读书才一年半的时间，贾梦兰就可以演歌剧了，这一次是在意大利演出。演什么歌剧你知道吗？演亨德尔的《弥撒曲》，我这里有录影也有照片。里头有一段三重唱，非常难，是世界名家才能唱下来的曲子。

她和一位美国、一位西班牙的歌唱家一起唱下来了，此外还演了一个歌剧，轻歌剧。

这是今年的事情，从这个学生学到的发音技巧和她在海外专业的迅速发展，我觉得我这几年来的声乐教学理念是行得通的。这是我教学和研究的成果，我为自己的教学成就而感到高兴而自信。

我认为目前中国的声乐教育理论还是比较落后的，还值得我们好好研究。中国声乐教育中常常说的“字正腔圆”教学是错的，而“腔正字圆”才是比较科学的，有了腔，字才能进去，“腔正字圆”其实就是我们中国京剧的方法。我论证论据很多的（笑），什么叫京剧的童子功？自幼对着水缸对着井咿咿呀呀，就是练腔嘛！之后，用什么地方来唱，用什么音色来唱，就驾轻就熟了。这就是先练好了腔，找到了腔。

腔练好了，有了剧本就很容易用腔体的好声音来表现角色了。

当年我被招进省歌舞团，演唱的是交响乐《沙家浜》中的郭建光。为了演好郭建光这个角色，团里派我去省京剧团和名角景惠生学唱腔，他是福建省京剧团很有名的老师。后来，我才深切悟到声乐教学上的很多道理，就跟陈赞珍当年说的一样。也就是说，中西顶级声乐艺术的理念是一样的。

1982 年，我参加在北京中央歌剧舞剧院举办的意大利声乐大师贝基（Gino Bechi）的声乐学习班。通过上课、学习，进一步明确了要获得“人”这个乐器的好声音一定要做到“深支持，高位置，正确的母音”，也就是“先腔后字”的理念。

我们之所以那么落后，就是因为搞不清腔正字圆这个问题。“字正腔圆”这个词，用在语言上也许是对的，用在唱歌上就错了。字正怎么腔圆呢？想一下都知道这是错的，我们当时的音乐教育受苏联影响太大了，

1973年，庄德昆找魏启贤先生（左）上课（庄德昆供图）

长期没有形成我国自己的正确声乐教学理论。

我看了京剧大师梅兰芳儿子梅葆玖的自传，才更坚定地认为我的想法和理论是对的。你们可能以为梅葆玖肯定跟梅兰芳学中国的东西，错了，梅葆玖是穿着长衫喝着咖啡长大（学艺）的。他父亲教他武功、唱段、发声之后，叫他一定要去听西洋的歌剧、西洋的交响乐。中国京剧的音准跟西洋的交响乐一样的，京剧音准非常准，都在很准确的十二平均律上，没有找到统一的腔体声音是不行的，达不到那样的效果。

还有钢琴也是一样，钢琴为什么要调律？为什么要经常弹？要调到十二平均律，四条弦都要调成一个音，准确的纯律的声音，是我们人听的最好听的声音。人就像一个乐器，我要把你调到最好最准确的腔体共鸣，和钢琴一样准。这就是为什么西洋独唱音乐会一般都用钢琴伴奏的原因。一般的民乐合奏是达不到这个效果的。和声、旋律，都达不到钢琴的效果。

我在讲课中经常说，要找到你的好声音，就要做到“腔正字圆”，“深支持，高位置，正确的母音”，“先哼后唱，先假后真”，所以我教的学生，很快就能获得属于他自己的好声音。

2002 年，厦门卫视采访著名指挥家郑小瑛，她说我创作的歌曲《故乡，鼓浪屿》具有南洋情调，很优美，比较符合鼓浪屿的形象。所以在我演唱的时候，她特别安排与鼓浪屿有血缘关系的美国指挥家潘明伦先生来指挥，潘明伦先生的父亲也是从鼓浪屿走出去的。

庄德昆与殷承宗（右）在北京机场合影（庄德昆供图）

从鼓浪屿走出来的音乐人太多了。

我在任鼓浪屿政协委员的时候，参与编辑了《鼓浪屿文史资料》第九辑，这是音乐专辑，比较全面地展示了鼓浪屿音乐人才的阵容。我和

郑小瑛（左）、潘明伦（中）、庄德昆（庄德昆供图）

音乐的缘分是一辈子的，从热爱声乐艺术，到学习、实践、教学、总结，形成自己的教学理念！一路走来，真是太感恩了，感谢一路帮助我的老师、朋友和学生。感谢生我养我的父母，感谢鼓浪屿！

丘明昶和他的后人

——丘鼎民先生口述实录

口述人：丘鼎民
采访人：李文泰
采访时间：2019 年 6 月、7 月
采访地点：丘鼎民家

一、我的祖父丘明昶

丘明昶照片（丘鼎民供图）

我们家出自新垵丘氏。新垵丘氏以前下南洋的人很多，我祖父丘明昶年轻时，受到村里出洋风气的影响，就拜别父母，跟着过番的乡邻搭乘大帆船前往新加坡，后来又到马来西亚，定居在槟城。我祖父自幼聪明伶俐，爱好读书，读过几天私塾，也学过记账。他到南洋后，先在一家店铺当文案兼记账，几年后学会商贸经营诀窍，毅然辞职到槟城寻找机会，创办起吉昌号油索行。他起早摸黑，诚信经营，热忱服务，深得客户信赖，生意兴隆。随着业务的扩展，又相继在新加坡和印尼的巴干亚比等地，开设吉昌号油索行分行。

※曾及意峇大狀師代表

吉昌號通告

爲通告事上列之商標爲海峽殖民地新加坡中街五十七號船具鐵器商家吉昌號之所有權凡該號在海峽殖民地馬來聯邦未聯合來部落柔佛暹羅安南及荷屬東印度輸入輸出及出售加油之傻繩概以此爲商標無論何人倘有冒用此項商標或有侵佔該號權利之事發生本狀師定將依法控究盡力爲之保障此佈

Chan & Eber Solicitors of the Said,
Keat Cheung & Co.

民國十二年十二月四日
Dated December 4, 1923.

1923 年 12 月，刊于槟城中文报纸的带有“吉昌号”商标的广告（丘鼎民供图）

他的吉昌号油索行，主要代理从马尼拉过来的麻索、帆布及其他船务用品。有了一定的基础后，他还创办过碾米厂，开辟橡胶园，种植橡胶数百亩，这些业务都经营得很成功。后来，祖父看到华侨们生意上资金需要比较大，且受到外国人在金融上的盘剥，他就进入了金融业。他与几个华侨大户联合，创建了新加坡和丰银行，担任和丰银行、华侨银行的主席董事前后达16年。1935年8月，他和沙捞越的金门人实业家黄庆昌，在新加坡合办了大华银行，黄庆昌担任董事主席，祖父为副董事主席。在祖父吉昌号担任多年总经理的王丙丁出任大华银行首任总理。可以说，祖父是新马华侨华人兴办金融业的先驱之一，并且做得极为成功，为他兴办实业提供了很强大的金融支持。

1935年8月2日，大华银行开业庆典合影（前排左五为黄庆昌，左六为丘明昶，左四为曾长期在丘明昶吉昌号任职的王丙丁）（丘鼎民供图）

1. 支持辛亥革命

当时华侨在南洋创业经商，经常会受到西方殖民者的歧视和剥削，总希望祖国强大，华侨才能有出头之日。但当时祖国正是清朝末期，政治黑暗，民不聊生。南洋华侨因受到西方的影响，总体上眼界较为开阔，对孙中山领导的革命坚决支持。

1905年，孙中山为宣传革命到南洋活动，首次来到槟城，祖父就和几位华侨一起，热情欢迎孙中山，为孙中山的革命活动前后奔走。当时孙中山在槟城一个叫小兰亭的地方发表了重要演讲，指出腐败的清政府是导致中国落后贫困、受到列强欺凌的根源，欲救中国，必须推翻清王朝。南洋华侨很多人的思想是比较先进的，也有正义感，他们都赞成孙中山的主张，支持孙中山进行革命。

1906 年 2 月，孙中山第二次来到槟城，就在槟城组织了中国同盟会的分会，祖父和陈新政、黄金庆、吴世荣一起，加入了孙中山的革命组织。他们这一批是槟城同盟会最早的会员，也是厦门鼓浪屿首先参加同盟会的华侨。这个南洋的同盟会成立是很早的。因为同盟会 1905 年 8 月才在日本东京成立，过了半年，在第二年的 2 月就成立了南洋同盟会。祖父加入同盟会后，积极发展革命组织，全国侨联前主席庄希泉等人，就是由他介绍加入同盟会的。

支持辛亥革命的槟榔屿华侨领袖，如吴世荣、黄金庆、陈新政、丘明昶等均第一批加入同盟会（丘鼎民供图）

祖父当时还担任了平章会馆的协理，平章会馆是个华侨间的联络组织。1907 年，孙中山从安南（今越南）又一次来到槟城，就在平章会馆发表了题为“欲救中国，必先推翻满清”的演讲。祖父发动华侨群众前往听讲，尽管当时有一部分保皇派反对，但祖父跟随孙中山的决心毫不动摇。

1908 年，孙中山又来到槟城，祖父等同盟会同志给予热情接待，仍然把孙中山安排在小兰亭俱乐部演讲。

1910 年，经祖父等人活动，孙中山应清芳阁俱乐部的邀请，又一次来到槟城。因为这个俱乐部是当时槟城一些华侨大商人的聚会场所，便于孙中山筹款，所以祖父等人安排孙中山到这里演讲。在这次演讲中，孙中山提出了“为华侨自身计，必先致力于中国之光复，才有国家之富强，侨胞才能得到祖国政府有力的保障”的主张，得到了当地侨胞的赞同。

那几年，孙中山经常到南洋，每次都必去槟城。槟城的一些同盟会员发动华侨捐款，为孙中山在国内组织的多次武装起义提供了大量经费。后来，不仅是孙中山，就是国内的一些革命党人，为了躲避清廷的追捕，也到槟城来了。这样一来，招待会员的经费就有些紧张，就连孙中山个人的生活费也成问题了。当时在槟城的同盟会员陈新政、黄金庆、吴世荣、丘明昶等人，多方筹集资金，帮助孙中山渡过了难关。

后来，孙中山看到槟城同盟会成员活动有基础，筹款能力好，就在 1910 年 8 月，把同盟会南洋总部从新加坡迁到槟榔屿来了。祖父是总部的重要核心人物，参与了当时同盟会的很多重大问题讨论和决策，孙中山和同盟会的很多决定都是在槟榔屿做出的。

1910 年 11 月 13 日，孙中山在槟城召开了辛亥革命历史上有名的“庇能会议”。当时由于孙中山在国内连续组织的多次武装起义失败，大家都有些心灰意冷。这次会议上，孙中山发表了慷慨激昂的演讲，在场人士无不动容，大家听得声泪俱下，很多人当场捐款赞助革命。这次会议决定组织广州起义，祖父参与了决策。这就是后来闻名天下的黄花岗起义，这次起义打响了埋葬清王朝的第一枪，揭开了辛亥革命的序幕。

孙中山先后一共五次来到槟城，每次来都会得到当地同盟会员和华侨华人的大力支持。特别是在孙中山多次陷入困难的时候，华侨华人仍然不顾艰险，义无反顾地给予孙中山革命事业无私的支援。很多华侨是倾家荡产支持孙中山的，比如 1906 年第一批加入同盟会的祖父、陈新政、黄金庆、吴世荣，这四位都是厦门这一带出去的，都是闽南人。槟城现在还流传着吴世荣说服妻子，将当时市区最魁伟壮观的五层洋楼变卖以资助革命的故事。后来，这座建筑成为清朝及民国政府驻槟城领事馆。而毁家纾难的吴世荣，晚年则一贫如洗，甚至死后都没有办法得到很好的安葬。另一位支持者黄金庆也是千金散尽，客死他乡（新加坡）。所以，孙中山说华侨是“革命之母”。

辛亥革命成功后，1911 年 12 月 12 日，孙中山由美国回国，在槟城停留，与祖父等人见面商讨要事，并邀请祖父回国共事。但祖父有功成身退、不贪恋权势的思想，他表示，他参加革命，不是为了以后做官，就拒绝了孙中山的邀请。当时南洋支持革命的华侨，很多人都有这种思想，就是中国自古以来就有的功成身退、知止不辱、富贵于我如浮云的思想。后来，孙中山回国后成为中华民国的大总统，又一次来信邀请祖父回国，祖父还是没有答应。

为了表彰祖父在支持反清革命中的贡献，孙中山后来颁发了一个“旌义状”给祖父。有关方面还送给他一对由武昌起义时革命军发射过炮弹的炮弹壳做成的纪念品，上面刻的字有“南洋同盟会总机关丘明昶先生惠存”“建设民国纪念”，时间是“民国元年元月元日”。这是一件很特殊的纪念品，只颁给那些为辛亥革命做出了突出贡献的人。这两个炮弹壳现在还保存在我弟弟那边，我弟弟在马来西亚。

中华民国成立初，有关方面赠送给丘明袓的一对武昌起义时炮弹壳制成的纪念品（丘鼎民供图）

祖父这种舍身忘家、全力支援国内革命的贡献，一直是受到中国政府肯定的。这是我们丘家的荣耀。2011 年 4 月，温家宝总理到马来西亚访问，专门接见了马来西亚华侨中的辛亥革命先驱后代和当地华文媒体代表。中国驻马来西亚大使馆特邀我祖父的嫡孙，也是我的堂弟丘鼎爵博士与温家宝总理见面。

2. 创办革命报刊

祖父在南洋期间还创办了多种报刊，宣传、支持国内革命。

祖父在国内只念过几年私塾，但他在南洋期间仍然不忘读书学习，文字水平和见识都有很大的提高。他参加同盟会后，因为跟着孙中山闹革命，就要抨击清政府的腐败和丧权辱国，制造革命舆论，宣传民主思想，所以要办报刊。后来，他和陈新政一起，办了一份报纸，叫《光华日报》，就是光复中华的意思。《光华日报》在 1910 年 12 月正式出版，是槟城最早创办的革命报纸，对宣传孙中山的民主革命思想、筹集活动资金起到了很大的作用。祖父从任报社的第一届议员起，先后在报社任总理、董事、主席等职务，直接主管报社业务，还给报社捐款，贡献很多。

《光华日报》创办初期同仁合影（前排右二为丘明昶，后排中为陈新政）（丘鼎民供图）

1912 年起，他又担任了《太平洋日报》的委员、新加坡《国民日报》的董事。1916 年，还担任了厦门《民钟报》的委员。这些报纸都为宣传民主革命起到了很大的作用。

3. 身在南洋，情系桑梓

下南洋的中国人，很多是由于生活所迫到国外谋生的，但他们一生都怀念祖国，关心家乡的发展。祖父对故乡有浓厚的感情，多次回到故乡新垵，看到家乡仍然贫穷落后的现状，他深有感触，表示改变家乡面貌他责无旁贷。1922 年 9 月，他给家族中一个叫瑞轩叔祖的写了一封信。在这封信中，他给家乡建设出谋划策，建议家乡人要填平路旁的厕所，修建好村里的道路，清理沟渠，搞好清洁卫生等。这都反映了他在南洋生活，接触到西方文化后，一些观念上的转变。特别是他还提出，反对村里每年都要花费不少金钱，搞一些封建甚至淫欲内容的戏，他认为这伤风败俗，要清除神权、迷信。他还告诫村里乡亲，国泰民安、生活幸福并不是神仙所赐，而要靠自己劳动所得，建议家族中把各种拜神祀鬼的物品全部清除走。

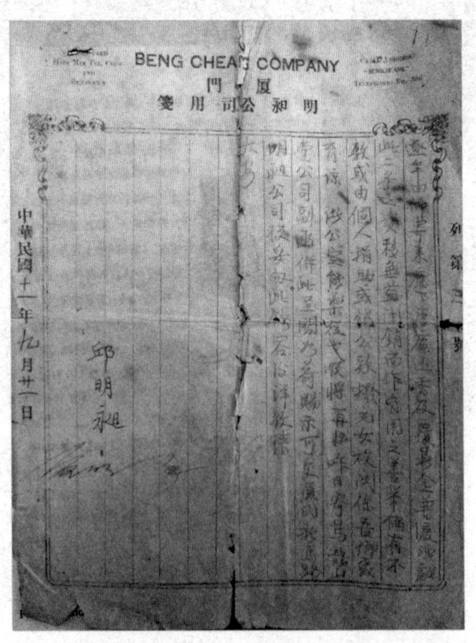
BENG CHEANG COMPANY

厦門

明和公司用箋

中華民國十一年九月廿一日

邱明昶

丘明昶写给家乡父老的信（丘鼎民供图）

最能说明祖父眼界开阔、思想先进的是他一直提倡妇女的解放。旧社会妇女受压迫最重、最明显的就是缠足，丘明昶坚决反对女子缠足的陋俗。他还提出，现在我们处在一个优胜劣汰的世界，女子是将来国民之母，女子若无教育，必无贤母；既无贤母，哪来贤子？所以他极力主张乡中学校教育要男女并重。他在给族中长老的信中，强调把继续开办女校列为村里第一件大事。为了解决女校的办学经费，他在当时南洋经济并不景气的情况下，还亲自筹办钱款，并直接送回家乡，以解决女校的燃眉之急。在他的努力下，新垵女校得以继续开办，在这里学习的女生都能免费入学，并免费提供学习用品。他对家乡办学，特别是对女校的慷慨支援，直到现在还受到家乡人的推崇和称道。

祖父在国内也兴办了多个企业。在厦门第一条马路开元路上，他在20世纪20年代开办了“明昶公司”，主要从事进出口贸易的业务。1928年，他从海外汇了14000元龙银[①]，在厦门豆仔尾买了2440平方米的地，开办工厂，准备引进外国先进设备，加快厦门工业发展。后因厦门被日本军侵占，工厂没有办下去。在厦门沦陷期间，因为厦门岛和鼓浪屿居民缺少粮食、柴火，他还排除困难，运来了大米、木柴等。

当然，祖父为家乡人做的事还有很多。为了兴办家乡的公益事业，他出钱出力，贡献很大。厦门岛内建设中山公园、兴办中山医院，鼓浪屿建设中山图书馆，他都捐款赞助，还被推为董事。中山图书馆安排有一间“明昶室”，就是专门为了纪念他捐资建馆的。

①清光绪十五年（1889年）开始铸造的一种中国银圆，币面以龙为肖像，故称“龙银”。

马来西亚华侨参观鼓浪屿丘明昶故居（丘鼎民供图）

4. 支援祖国抗战

“9·18”事变后，日本侵华战争开始升级。为了发动南洋华侨全力支援国内抗战，就要宣传国内的抗战情形，我祖父还专门买了一部摄影机，派人到内地拍摄影片，还深入敌占区去拍摄日本侵占后的情形，最后到南洋播放，产生了很大的影响。华侨看到日本侵略我国的种种暴行，我国军民死伤这么惨重，但祖国没有屈服，仍然坚持抗战，不管是有钱老板，还是小商小贩，都热情高涨纷纷捐助钱款，支援祖国抗战。他参加发起了南洋华侨筹赈祖国难民委员会总会，发动南洋华侨全力支援国内抗战。这个摄影机我现在都保存着。一个是摄影机，一个是播放机，都有。播放机很重，还放在鼓浪屿没带来，这个轻的我带来了。

我祖父自己也曾在马来西亚被日本人关押过。马来西亚被日本占领了三年八个月，他的生意损失很大。当时有个钟灵学校，最早是我祖父捐

丘明昶带回国内，拍摄国内军民抗战的摄影机
（丘鼎民供图）

资建成的，他一直在学校任有董事之类的职务。在抗战期间，学校有学生从事抗日活动，被日本兵抓去关押，有的惨遭杀害，我祖父也因此被关押了一段时间。抗战胜利后，大家都很高兴，还搞了庆祝的活动。但过了两年，我祖父就过世了。

二、我的父亲丘文英

我父亲叫丘文英，在南洋出生，后来被祖父送到上海读书，毕业后又去南洋工作。民国后，祖父认为国家要关心民生，经济要发展，就在厦门办了一个“明昶公司”，叫我父亲回来，当这个公司的经理，实际负责这个公司的运作。后来到 1937 年的时候，我父亲还到厦门华侨银行工作。

青年时期的丘文英
（丘鼎民供图）

我父亲在华侨银行工作了十多年，后来又到福建省分行去做襄理。他还做过一段时间的办公处主任，当时有些困难群众、小的工商业者，我父亲主张给他们办理低息贷款，帮助他们度过生活和经商上一时的困难。

在厦门的华侨银行职员合影（前排从左至右为：庄励奋、江宗珍、张瑞绍、杨诚铨、林文庆、洪朝焕、徐素贞、丘文英、龚远之、柯伯煌）（丘鼎民供图）

我父亲秉承我祖父遗志，关注民生，投入社会公益事业。当年我在英华校友学校读书时，学校挂着捐助过该校的人士名单中也有我父亲的名字。

还有几件事可以介绍一下。早时鼓浪屿还没有自来水，家家户户都挖井取水。所以按人头比，鼓浪屿的井是全国城市最多的地区。我家也不例外，在晃岩路72、74号中间园地也挖了口井，从国外运来整套抽水设备，抽水引送到三楼。后来鼓浪屿有自来水了，整套抽水设备都被拆除了放在地下层。胜利后救世医院复办要增加设备，有次救世医院院长夏礼文（C.H.Holleman）来访，看到这些抽水机、大口径水管等，对我父亲说医院正缺少这些设备，我父亲马上无偿送给医院，还为医院购买设备捐款。

我妹妹翠芳年少时患盲肠炎，到医院手术，出院时医院不收费用，说我父亲对医院有贡献，这些小事不算什么。后来救世医院的副院长要到南洋去筹款，我父亲写了六封介绍信，把南洋的一些关系介绍给他们，起到了作用，他们收获颇大。

我父亲一直在银行工作到新中国成立。新中国成立后，政府还聘请他当主任，还发了聘请书。当时我已经出来工作了，我弟弟也出来工作了，我妹妹在上学，她后来想上军校，他就支持我妹妹到军校学习。部队还给我们家寄了表彰信。

1949年解放军渡江后，国民党军队节节败退，为补充兵员，在厦门到处抓壮丁，搞得人心惶惶。时任厦门市市长的陈荣芳是菲律宾华侨，也是同盟会会员，是我父亲的朋友。他家住在晃岩路55号，离我家约20米，与我父亲经常有来往。有一天，鼓浪屿几位有名望的人士会集在我家，与父亲共同商讨反对在鼓浪屿抓壮丁的事情。后来，由我父亲带队，和他几个朋友到陈市长家，表达了反对抓壮丁的意见，结果后来鼓浪屿就没有抓。

我父亲后来回到了槟城，是1951年年初回去的。因为他有马来西亚

新中国成立初期，厦门市拥军支前劝购公债委员会聘请丘文英为主任委员（丘鼎民供图）

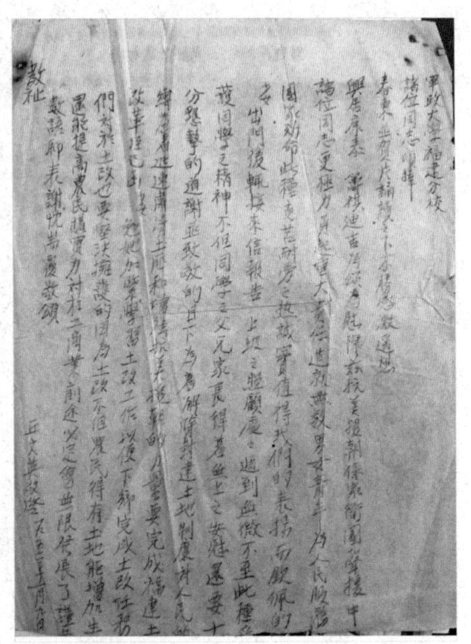

1952 年 1 月，丘文英的女儿入伍后到军校学习，部队寄来的表彰信（丘鼎民供图）

的国籍，我们几个中国籍的就留在了中国。我小时候跟我父亲去过马来西亚，又回来了。新中国成立初期，限制比较严，没有马来西亚的国籍的就不能去，连他回来探亲也有限制。我父亲是 1976 年去世的。

三、昔日鼓浪屿

鼓浪屿是外国租界，在日本侵占前，治安等都比较好，也没有什么小偷。居民的文化素质也比较高，像厦大的林文庆、卢嘉锡，各个银行的行长，一些大公司的高级经理等，都居住在鼓浪屿，因为鼓浪屿是居住的好地方。后来厦门岛被日本军侵占，好多难民都逃到鼓浪屿来，很多商店如同英布店、建成布店都迁到鼓浪屿来了，华侨银行也搬到鼓浪屿来了，所以鼓浪屿当时很热闹。单看书店，鼓浪屿上有很多，如商务印书馆、开明书店、儿童书局、合众书店、大中书局等。药店、医生也有好多。理发店也好多，西施理发店、中西理发店、中国理发店都有，中西理发店专门给洋人理发。百货店也从厦门岛迁到鼓浪屿，如南泰成、永康成等。买东西也很方便，想买什么都有。当时鼓浪屿没有车，但有两人抬的轿，医生出诊都是坐轿的，由病人出抬轿费。喜事婚庆也是坐轿，后来有二十辆人力车。因为鼓浪屿有斜坡，只能一人在前面拉，一人在后面推，不久也就停止营业了。

丘鼎民母亲林素琴年轻时的留影（丘鼎民供图）

那个时期鼓浪屿算是有名的地方，经常有南洋的华侨过来，到鼓浪屿居住、游玩。我祖父和父亲他们在南洋都有一些亲戚和生意上的伙伴，他们如到厦门来，我祖父或是父亲都会请鼓浪屿著名的洞天酒家的一级师傅到家中来办宴席，热情招待他们。大华银行的黄庆昌、王丙丁，和丰银行的胡文虎、林秉详，华侨银行的林文庆、陈延谦来厦门，也是一样在鼓浪屿家中设宴欢迎。过去家中都有合照，可惜没很好地保存。现在只有一张抗战前林文庆和厦门华侨银行洪朝焕、杨铨诚、我父亲等的合照。这些人员都是我家的常客，我都很熟悉，洪朝焕住在鼓港仔后我家的房子，杨铨诚住在中华路。我年少时有几次跟着父亲到笔架山林文庆住宅中做客。林文庆有个女儿名娇儿，是我大姐在怀仁中学读书时的同学。

1. 旗尾山

从我家正面可以看到屿仔尾山、南泰武山山上的石塔，右边可以看到旗尾山，左边可以看到大担、二担，背后是岩仔山（日光岩）。旗尾山离我家不远，我年幼时在路上就可以看到山前的大门有“婢女救拔团”五个大字，这是同盟会会员许春草创办的。抗战前，有钱人家都养有婢女，救拔团就是收容被主人虐待而离家的婢女的。她们到救拔团来，不仅可以逃离受到恶劣对待的家庭，也能学习文化、手艺，使她们以后可以自谋生路。在厦门沦陷后，救拔团就停办了，不久房屋倒塌杂草丛生，变成老鹰栖宿的地方，每天可以看到不少老鹰盘旋。后来，解放鼓浪屿时牺牲的解放军战士就埋葬在山上，所以改名英雄山。

2. “番仔球埔”

鼓浪屿那块体育场，我从小几乎天天经过，那里过去叫“番仔球埔”。面向晃岩路有两扇低低的木门，门上挂有“狗不能进”的牌子。体育场正对面马路是“中国实业银行”“交通银行”“中国银行”并列，体育场后面是“安达银行”。经常有一二十位外国人在体育场打网球，场地用布拦隔成好几个小场地，有单打、有双打，外国人请小孩子帮忙捡球，都说“boy”。最经常来给洋人捡球的是个鼓区的孩子，大家都叫他“铁人”。洋人球打完了都会给孩子小费。

有次是英国女王加冕，鼓浪屿英领事馆在体育场开庆祝大会，邀请在鼓浪屿的洋人和一些鼓区有名望的社会人士参加，我父母亲带了我去。有西乐队表演，场面非常热闹，参加庆祝大会的人都会送英皇加冕纪念章，这都是鼓浪屿万国租界时期的事情。

日本投降后，国民党军队来，鼓浪屿群众也是集中在番仔球埔开会欢迎。后来体育场没有再看到打网球了，经常是踢足球。新中国成立后解放军每周都在体育场放电影，住得远的居民也来看，因当时还没有电视机。

3. 英华学校

前几天早上翻阅老照片，看到英华校友小学的毕业照片，勾起了我对母校美好的回忆。我幼儿园毕业后，就到英华校友小学读书。太平洋战争爆发，鼓浪屿被日军占领，日伪政府把英华小学改名为“鼓浪屿第五小学”。抗战胜利后，英华小学复名，陈兆麟仍任校长，后来陈校长赴菲律宾任传道，聘请英华中学蔡丕杰当校长，他们都有丰富的办学经验。新中国成立后不久，蔡丕杰校长调任厦大外文系教授，由何瑞卿接任校长。

在英华学校，男生冬天穿浅蓝色的学生装。校歌唱道：“美哉英华校友小学，上承母校造就，下育后起之秀……”老师们都作为教育的规范，对学生辛勤教导，循循善诱。我小学一、二年级是张秀蓉老师任班主任，三、四年级时是王惠臣老师任班主任。老师经常用方言教学，刚入学教国音字母、拼音。一年级练习毛笔写字，起先是在印有红虚线的字上描写，后来才临帖写。

考试采用甲、乙、丙、丁、戊、己的评分法，戊、己是不及格。每个星期一的早上全校师生聚集在礼堂，首先齐唱国歌，其次向孙中山总理

丘鼎民（三排左五）小学毕业照（丘鼎民供图）

三鞠躬后，陈校长读孙总理遗嘱：“余致力于国民革命凡四十年，其目的在求中国之自由平等，积四十年之经验，深知欲达此目的，必须唤起民众及联合世界上以平等待我之民族共同奋斗……”最后校长或老师讲话结束，然后各班学生回教室上课。

学校注意学生身体健康，每天早上有早操，体育课进行各种各样的锻炼。我们开展足球运动，因场地小，用网球当足球，我们从小就懂得踢足球的规则。有时候英华学生和英国水兵在英华大球场进行足球友谊比赛，小学放学后，我们都跑到中学去看比赛。

课程还有音乐、绘画等，三年级就设英语课，先学习简单的常用单词，如 boy、father、book、pen 等。校园中有阅览室，学生课余时间都可以到阅览室阅读，增加了不少课外知识。学校生活丰富多彩，经常举行各种比赛，每学期开“恳亲会”，征求家长对学校的建议意见，参观学生的作业、手工作品，学生表演节目供家长观看。学生组织巡察队，纠正同学间的不良行为。同学间团结友爱，从来没有讲粗话、吵架。学校井然有序，是社会上所公认的。学生们自小在校受到了优良的教育，为以后的学习、工作奠定了良好的基础。

4. 鼓浪屿人爱看电影

我们上学读书后，就到港仔后、菽庄去玩。

过去鼓浪屿人都爱看电影，有时我和父亲母亲一起到厦门岛内来看电影。我记得当时很喜欢看美国邓波儿（Shirley Temple）演的儿童电影，还有一个叫陈娟娟的中国儿童演员，也演得很好。著名影星王丹凤我也很喜欢，我过去在延平戏院看过她演的巴金名著《家春秋》《新渔光曲》《教师万岁》等影片。

延平戏院经理林和乐是我父亲的朋友，他家住在英华中学上边，戏院职员阿荫也是我们的朋友。他们每月都送我们赠票，楼上的赠票是浅蓝色的，楼下的是白色的。当时门票楼下票 4 角，楼上票 8 角，月台 1.2 元。外国人和鼓浪屿“黑猫”“大都会”两个舞厅的舞女，都是坐在楼上前面的月台观看。戏院的票没有号，先进场的观众都会坐在中间的座位。戏院经常放映美国好莱坞的影片，后来偶尔也会放映国产片如《西厢记》等，金嗓子周璇的经典名曲《月圆花好》就是这部电影的插曲之一。

丘文英、林素琴夫妇（丘鼎民供图）

该戏院固定每天放映三场，下午两点、四点半各一场，晚上场的时间夏天是八点，冬天是七点半。有卖座的影片如神话片《月宫宝盒》，晚上加演一场，连续演好几天。春节期间连早上也放映。

四、日本侵占鼓浪屿后

太平洋战争爆发后的第二天，我去英华上学，就有日本兵站在学校门口了。

当天，鼓浪屿上的外国人被日本人抓到日本人办的博爱医院关起来了。鼓浪屿上一些有名的华侨和中国人也被抓了，我父亲当时在银行工作，也被抓去关了三天，每天我都要给他送饭。后来经过审查，一些华侨和中国人放出来了，外国人还关在那里。

1. 万岁喊成“棒赛”

日本人侵占鼓浪屿后，干了很多坏事。

每个月的 8 日，都要在延平公园的广场，强迫一些学生和群众去开一个叫“大东亚圣战”的纪念会。会后还要组织游行，我们学生就去游行。走到日本领事馆的时候，就要强迫大家给日本喊“万岁”。日本话“万岁”好像是说成“曼赛曼赛”，我们学生很调皮，就喊成“棒赛棒赛”，大家都笑，日本人也不知道是什么意思。后来就没有这个活动了。

在日本人组织的游行中，我们都举一个汪伪政府的国旗，其实就是国民党的“青天白日满地红”旗，加上一个黄色三角形，三角形上面有“和平反共建国”六个黑字。当时没有布做的旗子，都是纸做的，我们就把那个黄色三角形扯掉，只剩下原来的“青天白日满地红”了。

2. 戒严和搜查

鼓浪屿当时被日本人欺负得很厉害。经常戒严，不能出去，我们小孩放学也不能回家。日本兵还一队一队挨家挨户去搜查，家里有什么贵重东西都被拿去了，谁敢讲啊？搜查完了，这队的日本兵就在门口用日文写上，这家“已经搜查完毕”，别的队就不来了。

当时有一些台湾浪人，就是替日本人做事的台湾汉奸。一个名字叫友金的台湾汉奸就来我家说“你们中国人不能听收音机的”，把我父亲刚刚买的一个飞利浦的名牌收音机私自拿走了。

日本人规定，晚上家里电灯的光不能照到马路上去。日警巡逻的时候，如果看到哪家的灯照到外面，就会敲门来警告训斥。

3. 抵制学日语

日本占领鼓浪屿时，学校的英语课改成日语课，用从日本运来的教科书，我们都不愿意学习日语，但是也没法公开反对，只有想办法抵制。每次日语考试，都会互相抄写，现在只记住几个日语单词，如“我”，是“瓦踏区西活”，日语“再见”是“沙扬娜拉”，“收音机”是“有礼里奥”等，如果在当年认真学习日语的话，现在可能会讲简单的日语了。

日语其实是台湾的二鬼子教的，我们学生也调皮，都想方设法作弄日语老师。等日语老师快要进门时，有的同学会把扫帚放在门上，他一进来，扫帚就掉下来砸到他身上。后来有个年轻的日语教师叫王子琛，有个学生上课捣蛋，他就把该生拖到前面，用日本的柔道把学生打倒在地。

4. 强迫改名

英华中学也不叫英华了，叫厦门市立第二中学，抗战胜利后才改回英华中学。厦门岛、鼓浪屿人名、店名，凡是有英、美这两个字的，都不能用了。比如同英布店，英字不能用了，他就改用同兴布店作名字。厦门以前有个中美理发店，美也不能用了，就改成中梅理发店。我父亲叫丘文英，也差一点要改名字了。鼓浪屿有个卖糖果饼干的店，叫美新行，后来也改成梅新行。

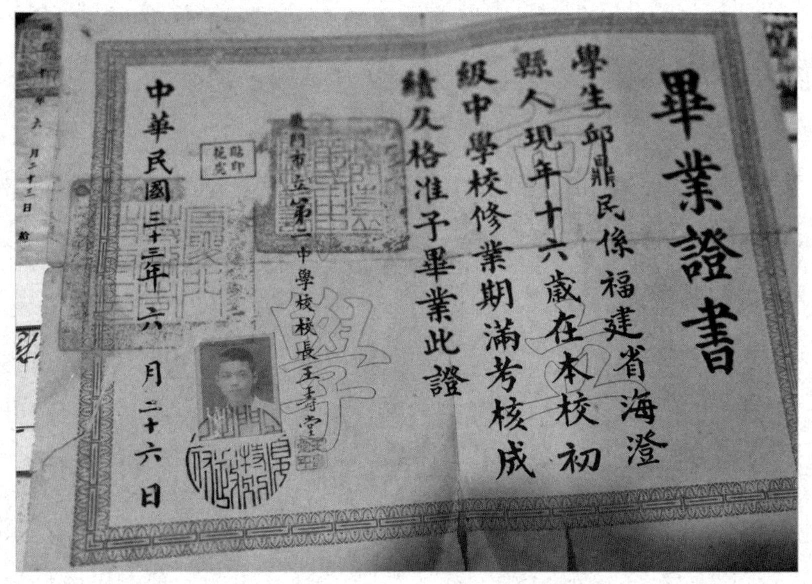
畢業證書
學生邱鼎民係福建省海澄
縣人現年十六歲在本校初
級中學校修業期滿考核成
績及格准予畢業此證
廈門市立第二中學校校長王壽堂
中華民國三十三年六月二十六日

丘鼎民的初中毕业证（丘鼎民供图）

日本人知道过去鼓浪屿学校、教会都是英国、美国的传教士来创立的，在“打倒英美恶势力”的口号下，他们把魔掌也伸入教会中，派遣日本牧师来教会。鼓浪屿福音堂每次开长执会，日本牧师都来参加，美其名是支持教会开展工作，其实是监视教会有什么反日活动。基督教圣诗300首中，《日落西山》这首歌不准唱。诗歌大意是白天上帝在照顾我们，太阳下山了上帝也在引导我们，日本人歪曲以为“日落西山”是指日本快失败了。据说岳飞的《满江红》也被认为是反日的。

沈省愚校长在当时厦门教育界、宗教界有一定的声誉，厦门沦陷时被伪政府强迫去厦门教育局任职。二战胜利后，凡在日伪时期任职的都被列为汉奸抓起来关押。后来教会联名要把他保出来，没有批准。

5. 百姓生活困难

日军占领厦门后，封锁与大陆的交通，居民日常用的木柴奇缺，我邻居家旧的小木门晚上也被别人偷走当木柴烧。所以明昶公司才向日本当局申请通行证，不惜血本到漳、码一带运木柴来供应，但还是供不应求。学校老师知道公司是我父亲主管，纷纷托我向公司购买领柴票。

当时白米也是分配的，有时还是碎米、红米，根本不够吃。有钱人家可以自己想办法，去黑市买米，穷人真是受不了，社会上抢吃的事情时有发生。有一天我和姐姐在中山路义华面包店买了面包，走到轮渡码头前，突然有人从后面伸出手，把姐姐手上的面包抢走，面包被抢不要紧，姐姐

丘鼎民幼时与姐姐、妹妹（丘鼎民供图）

怕得心慌慌的。当时社会上有句话“抢吃无罪”，有的人在路上吃东西也被抢。

鼓浪屿上以前很多人家都靠侨汇生活，后来侨汇都不通，侨眷的生活就没有着落，没办法，就跑到禾山贩卖些鸡蛋等，挣口饭吃。

6. 盟军轰炸日军

大概是在 1944 年，有天下午放学后，我在家中喝地瓜汤，忽然听到海边传来机关枪的声音，接着听到爆炸的响声。我连忙走到走廊看，原来是盟国飞机首次来轰炸日本军舰，停在鼓浪屿港仔后前面海上的一艘日本小战艇被炸。这战艇是日军为防止大陆国民党军派特务到厦门而布防的，这爆炸场面跟我在电影上看到战争的场面一样。隔天中午我放学回家，又听见飞机的声音，我朝左方向远看，有架盟国飞机飞得很低，炸沉了一艘日本的运输船，不久海面上漂流着许多东西，有洋葱、罐头、整袋面粉，也有被炸死的鱼。这是盟军第二次来轰炸日军，我记得很清楚。当天下午日军急忙在日光岩顶上垒起沙包，架起高射机枪，在厦门岛内几个高山上也布设了高射炮阵地。往后如有日本的商船一到，日本战斗机整天在天空中盘旋警戒，一直到货船离开。

后来盟军来轰炸日军阵地，都是用美国最新的 B29 大型轰炸机。这飞机都是飞在一万米以上高空，日军的高射炮打不到。我们居民听到飞机的声音不是逃避而是跑出来看，用肉眼就能看到这架大型的 B29 飞机，都希望它多炸死日本鬼子，为民解恨。

记得在 1945 年春天，有一个深夜，远远传来飞机的声音，声音越来越近，突然听到震耳的爆炸声，家中关着的窗户也被震开了。天亮后，我跟着邻居找，看到在旗尾路旁有被炸的两个大洞，每个有 10 多平方米，想想幸亏炸弹没有落到民房上。

7. 重新点起油灯

盟国飞机有时晚上来，日军实行灯火管制，灯光不许照到外面，后来到晚上十点钟就停电。鼓浪屿电厂发电机要用柴油，柴油运不来就没法发电，家家户户晚上都用煤油灯。有的家庭是把食用油倒在小碟子或汤匙上，放条纱带一头在油中，一头伸出边沿，点上火照光。晚上马路靠着天上的星星、月亮的光，如果阴天马路就漆黑一片。有次晚上，我从陈传达老师家出来后的回家路上，差点碰到路边的电线杆。

抗战末期日本垂死挣扎，抽派居民、学生到厦门禾山前沿挖战壕、筑工事，美其名“勤劳”锻炼。有的学生不肯为日军卖力，偷偷逃走，有的旷课。我父亲特地到日本医生开的诊所，花钱请日籍医生为我开张病条请假，算是躲过了劳役。

当年我母亲到医院分娩妹妹，我每天送饭要经过汇丰银行大门口的日本兵岗哨，都要向日本兵行 90 度鞠躬礼。有一天看到位厦门岛内来的人初次经过这里，不懂得向鬼子行礼，被打耳光，被态度很凶地骂“八嘎”。后来我知道有另一条路可以走到医院，宁可多走十分钟的路，也不愿向日本鬼子低头。

8. 天亮了！

在日本的统治下，人们过着暗无天日的生活。1945 年 8 月 15 日，日本宣布无条件投降，天终于亮了。大家心中无比兴奋，相见第一句话就是说“臭日本仔投降了”，相互道喜。

最可喜的事是，母校也复名了，英华中学改回原名 Anglo-Chinese Colleen，简称 ACC。沦陷期间离开的学生陆续回来，有的青少年也慕名插到我的班级。沦陷时期我们在厦门伪政府下的第二中学读书，所以胜利后要参加“甄别考试”，同学们认真准备，考试结果人人及格。

丘鼎民幼时与父母和两个姐姐的合影（丘鼎民供图）

胜利后的第一个双十节，鼓浪屿各界联合举行庆祝大游行。我们班的同学将直径大的竹竿上半节挖空，装进棉花或粗纸，灌进煤油当火炬，排在游行队伍的前列。有的高举英文字母“V”的大红灯，表示胜利“Victory”，有的拿着二战的四大伟人肖像，美国的罗斯福、英国的丘吉尔、苏联的斯大林、中国的蒋介石。有化装表演队、歌唱队表演等。鼓浪屿发电厂事先向有关方面拨些油用于发电，当晚全区大放光明。游行队伍浩浩荡荡走遍鼓浪屿各道路，静息几年的鼓浪屿沉浸在一片狂欢中，游行队伍到次日凌晨才陆续回家，这热闹场面到今天我还记忆犹新。

胜利后大家很高兴，当时国旗都被日本人没收了，家家便到裁缝店去做国旗，挂在门口。有一天，有一艘 45000 吨的英国“约克公爵”号军舰来厦访问，因为是大军舰，停留在厦门港外。军舰邀请英华高中班学生到舰上参观，我和同学们乘坐日本的登陆艇登上该舰，受到热烈的欢迎。在舰上的大餐厅里，有各种各样美味的西饼蛋糕、咖啡，同学们大享口福。

我们还在电影厅里看电影，参观舰上的大炮等设备。

胜利后不久，国民党军队就来了，一开始就强占民房，我家就被他们强占了。我家里住着国民党军队。他们很凶恶，我父亲以前的银行有个职员，在路上的时候，有个国民党兵想抢他的东西，他就跑，结果国民党兵就开枪把他腿打伤了。他知道我家就住附近，就慢慢爬到我家里来，让我父亲扶他到医院治疗。

胜利之后物价开始大涨，一天三涨，涨得老百姓什么也买不起了。有一段时间，让大家选参议院的议员。当时许春草、张圣才就出来选，为了抵制国民党派出的候选人，支持许春草和张圣才，有人还编了顺口溜说“许春草，张圣才，贪官污吏不敢来”。

大概是在 1946 年国民党三民主义青年团要来学校发展团员，大部分同学都参加了。那时候我刚给母亲输血，请假休息，没有参加。在新中国成立后的反动党团登记、审干，以及“文革”等各种政治运动中，我都算是历史清白，一生比较平顺。

9. 解放

1949年快解放的时候，国民党军队在现在的英雄山下，装了三架大炮，要打对面的嵩屿，因为那里有解放军。我家刚好在附近，那些操作大炮的兵没地方住，就到我们家里来住，我们全家只好到鹿礁路友人家去住。但是 10 月 15 日下午，解放军开始炮击国民党兵阵地，下午国民党兵就跑掉了，跑到港仔后那边去了。当天下午我们听到炮声，连忙到鹿礁路去，看到有个炮弹打到晃岩路 1 号圣教书店旁，又有炮弹落在鼓浪屿医院旁眼科专家许保栋开的诊所旁。整个晚上都能听到炮弹从天空呼啸而过，不得休息。天亮了，炮声也停止了，我回到家中一看，走廊上也中了一炮。走到港仔后海边，发现国民党兵已无影无踪。很多人说，国民党的军队一边逃跑一边到处去抢。

我高中毕业后，有两个出路，一个是继续上大学读书，一个是到银行上班。我们家毕竟和华侨银行有这么多年的关系，要进去工作很容易。在我母亲生病的时候，我给她输血，那段时间身体比较弱，需要休养，我父亲就说，还是到银行上班吧，上学比较辛苦。正好厦门大学当时也不招生了，我就学习会计和英文打字，准备去银行上班。结果解放了，我就被聘请到民校当教师了。这个民校是在快解放的时候，由黄猷倡议英华中学创办的民众夜校，由学生任教师。新中国成立后，因怕影响学生学习，就把民校移交给区第一中心小学，开始仍旧在英华中学教室上课，后来改名为第一中心小学晚班。我从当民校教师起，当了一辈子老师，在教育战线工作了 40 年。

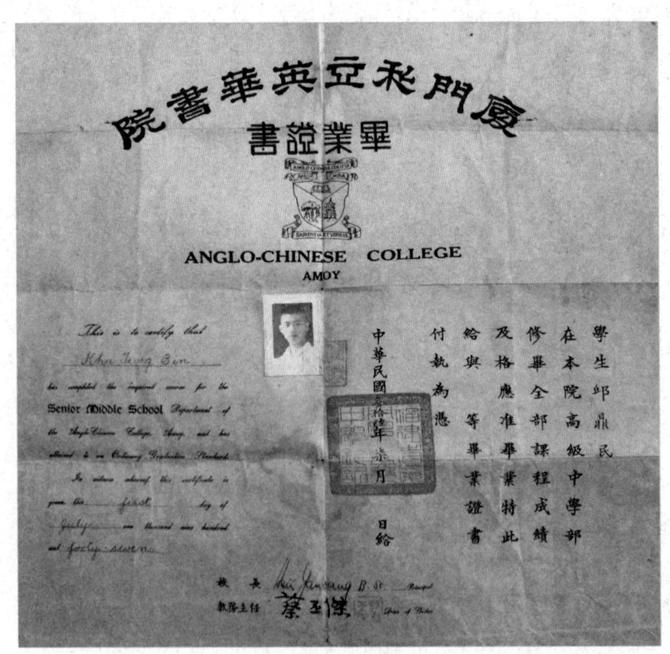

廈門私立英華書院
畢業證書

ANGLO-CHINESE COLLEGE
AMOY

Senior Middle School

學生邱鼎民在本院高級中學部修畢全部課程成績及格應准畢業特此給與 等畢業證書付執為憑

中華民國[illegible]年柒月 日給

校長
教務主任 蔡丕傑

丘鼎民在英华书院的高中毕业证，当时校长为蔡丕杰
（丘鼎民供图）

我开始工作不久，父亲就去了南洋。我工作等事都是自己操办，我爱人也是老师。当时父亲在南洋，多少会寄一些侨汇过来，因为我弟妹他们还在学校读书。我二姐大一些，她就照顾这些弟妹，一直到大家都出来工作。

我们家在“文革”期间也没受过什么打击。我是奉公守法的人，只知道埋头工作。我父亲在鼓浪屿也算是一个有名望的人，大家都说他是好人，所以我们子女没有受到什么连累。

五、几张照片背后的故事

这张照片上的有些人我认识，前排中间的是巴世凯。我家里本来有一张大的照片，现在找不到了。旁边这个中国人，是不是蔡益谦，需要确定一下。[①]等蔡益谦的儿子回来，可以问一下他。蔡益谦有一个女儿，在香港，前几年回来过；有一个儿子在美国，还有一个儿子在香港。右边第一个印度警察，当时编作 30 号，好像是警察中级别最高的。我为什么认识他？说起来也有故事。我父亲经常到工部局去办一些事情，这个警察就认识了我父亲。他经常出来巡逻，就看到我们家楼下关着没人住，他就跟我父亲商量，看能不能租给他住，因为他想把他的老婆从印度接过来。我父亲就答应了，他就来我们家楼下住了，他的编号是 30 号，我们就叫他 30 号，后来他老婆也来了。他们还生了一个儿子，经常跟我一起玩。因为一生下来就在鼓浪屿长大，接触的都是中国人，他就一直讲厦门本地话，一点外国人的腔调都没有。他爸爸说他这个儿子比较笨，说我叫

---

①巴世凯，1923 年起任鼓浪屿工部局助理秘书兼助理总巡捕长，1927 年起任秘书兼总巡捕长。蔡益谦，1925 年时任工部局华人秘书，抗战胜利后，任救世医院总务。

鼓浪屿工部局英属印度锡克族巡捕（白桦供图）

鼎民，他儿子叫鼎奥，厦门话“奥”就是笨的意思，说他鼎奥就是很笨。他们家一直住到太平洋战争爆发才走，当时印度人也都回去了。照片中还有一个5号，一个12号，是他老婆的弟弟们。这些人经常到楼下他家里来，我都知道。他们的名字我都忘记了，当时大家都叫号，没有叫名字。这些人在鼓浪屿时间长了，都会讲闽南话。

这张照片中，第二排左边第一个好像是我，我记不太清楚了。但我是这一年从怀德幼儿园毕业的。

这个医生叫杨蔚文，跟我们家很熟悉。他的牙科诊所就在龙头路风行照相馆的斜坡上，第一间是中央面包店，再上去就是杨蔚文的诊所，对面是冠天酒家。杨蔚文的家就在我家对面，我家对面是港后路18号，再下去就是杨蔚文的家。杨蔚文的儿子，一个叫杨约翰，一个叫杨雅各，都是取自《圣经》，因为他信基督教。

这个照片的几个医生我认识。前排左边第一个，这个医生是外科主任

1935 年，怀德幼稚园毕业合影（白桦供图）

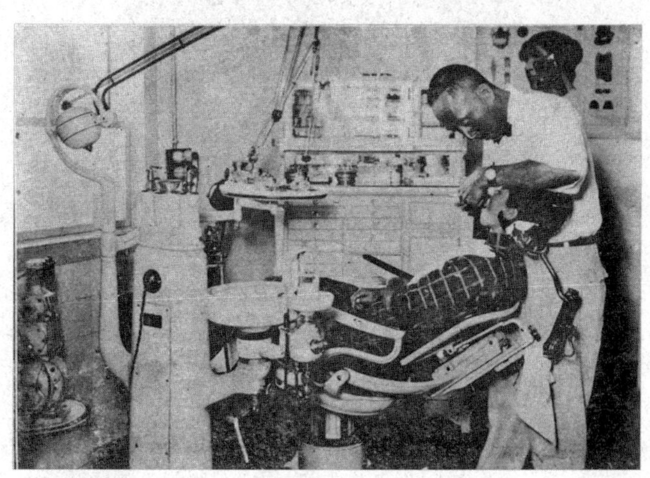

位于龙头路上的杨蔚文齿科医院，创立于 1915 年（白桦供图）

温绍杰。前排右边第一个，叫钟庆山。前排右二的，好像是龚医生，是内科医生。

说到这个温医生，我对他很熟悉，他爱人和我爱人也是很好的朋友。

鼓浪屿救世医院里的中国医生（潘威廉供图）

救世医院外科主任温绍杰（丘鼎民供图）

有一次我们在港仔后海边散步，他灵机一动，把“莫斯科郊外的晚上”，改成“鼓浪屿港仔后的晚上”，当场就引吭高歌，散步的群众都围来听。

这个是鼓浪屿救世医院的副院长，叫黄祯德。这个医生跟我父亲很熟悉，抗战胜利后，他要到南洋去募捐，他知道我父亲熟悉那边的情况，也认识一些人，所以到我家里来，请我父亲写了六封介绍信。这对他到南洋去募捐，起了很大作用。

鼓浪屿救世医院黄祯德与蒋美美（潘维廉供图）

鼓浪屿救世医院，药剂师邓主欣（潘维廉供图）

这个是救世医院药房的主任，叫邓主欣，他是很虔诚的基督教徒。他的儿子是我的朋友，一个叫邓光明，一个叫邓路德，他们家住在笔山小学的斜对面。

救世医院部分医护人员合影（丘鼎民供图）

这张照片，黄祯德、邓主欣都在。这张照片是救世医院的医生后来拍的。

这一张是新中国成立初期，厦门市防疫卫生委员会鼓浪屿分会筹备会议的会议记录。参加会议的人，都是当时鼓浪屿的名人。许扬三，是许春草的第三个儿子。黄祯德，是救世医院的院长。林遵行，是鼓浪屿医院的院长。这些人我都认识。说到林遵行，还有个笑话。他认识我父亲，那个时候刚刚抗战胜利，物资很紧张，市面上连牛奶都没有。他跟我父亲说，他从小吃牛奶，吃到当时才断奶。新中国成立的时候，他被国民党关起来了，就咬破自己的动脉自杀，没死成，救过来了。新中国成立后他还在当院长。他住在医院后面的一幢小楼里，那是他的家。他的夫

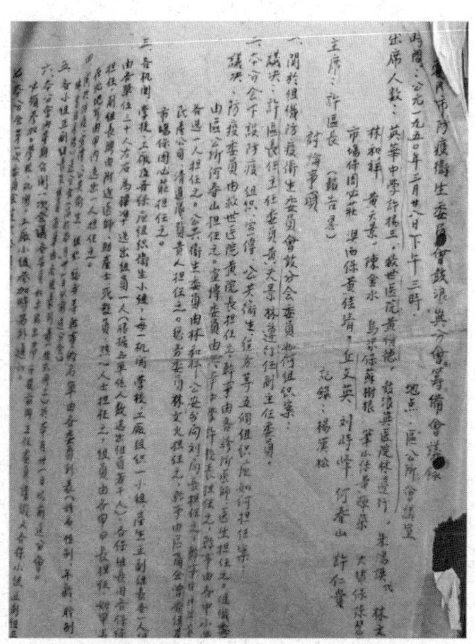

厦門市防疫衛生委員會鼓浪嶼分會籌備會議錄

時間：公元一九五〇年三月廿八日下午三時　地點：區公所會議室

出席人數：英華中學許揚三，救世醫院黃禎德，鼓浪嶼醫院林遵行，朱鴻謨……

主席：許區長　記錄：楊□松

討論事項

一、關於組織防疫衛生委員會鼓分會委員如何組織案：

議決：許區長任主任委員，黃天景、林遵行任副主任委員。

[illegible]

新中国成立初期，丘文英与许扬三、黄祯德、林遵行、朱鸿谟等参加政府部门组织的鼓浪屿防疫卫生会议（丘鼎民供图）

人林碧凤也是有名的妇科医生，鼓浪屿人都知道。他的儿子我也认识。

1947年，三一堂会歌颂团第十二届庆祝圣诞演唱《弥赛亚》留影（丘鼎民供图）

这张是三一堂合唱团合影，我当时也在。第四排左边第七个就是我，我那时经常参加合唱团的活动。以前有很多照片，现在都找不到了。

丘鼎民的四姨林素环
（丘鼎民供图）

这张照片上的人，经常出现在各种鼓浪屿老照片画册中。她是我的四姨，叫林素环。

20 世纪 30 年代，林家四姐妹和她们的丈夫在鼓浪屿丘家楼梯上的合影（丘鼎民供图）

这个是我母亲林素琴（前右），她的父亲也就是我的外公，也在银行工作，由人介绍认识了我父亲。这边是二姨林素珍（二排右）、三姨林素琼（三排左）。这张照片是抗战前在我家拍的。二姨丈叫杨保来（二排左），三姨丈叫马约翰（三排左），四姨丈叫李永修（四排左），是李清泉的亲戚。他们都是在南洋生活的华侨。我母亲是1947年因病去世的，当时还年轻，才四十来岁。他们几个都回到了南洋生活，我后来去那里的时候，他们都不在了。

英华书院华晋社成员合影（丘鼎民供图）

这张是我们英华书院华晋社同学的合影，我在三排右一。我们快毕业时，为了便于以后同学间互相联络，校长沈省愚为我班取名“华晋社”，还谱写了社歌。至今“华晋社”同学已经毕业70周年了，前几年同窗聚在一起，促膝谈心，好像又回到学校生活的时代，大家还一起引吭高歌。

这里面有几位同学很突出。二排左一的吴宣恭，曾任厦门大学副校长，是我国有名的经济理论学家。一排左四是洪卜仁的弟弟洪永宏，作家。一排左二是厦门大学陈国强教授，全国知名的人类学者，曾担任中国人类学学会会长。

一排左一的同学叫周景茂，是地下党，后因叛徒出卖被国民党特务关押，在厦门临解放时的 1949 年 10 月 16 日，和烈士刘惜芬等人一起被毛森杀害。他中学毕业后，又到厦大上学，他加入共产党应该是在厦大时的事。1950 年，我们同学就在英华中学百友楼前面开追悼会，纪念周景茂。周景茂和我从小学起就是同学，他文笔很好，班级的刊物、墙报等都由他主笔，大家称他是“班上的鲁迅”。他如果没牺牲，应该会有所成就。

三排左二、左三的同学，是兄弟俩，他们是陈国辉的儿子，左二的叫陈诗生，左三的叫陈岩生，他们的名字是以出生地点取的。他们还有个弟弟叫陈鹭生，应该是出生在厦门，是陈国辉的一个小老婆生的，住在中山路。他们两兄弟是高中二年级的时候来插班的，以前不在英华。我们拍照的这个地方，是陈国辉在鼓浪屿的别墅，地址是福建路 37 号。他们家的楼外面有一个花园，叫息园，我们就在花园前的台阶上拍的这张照片。这兄弟俩在新中国成立前都到香港去了。

举家救婢女　春草誉满堂

——记中国第一个婢女救拔团的创始人许春草

口述人：许多康（许春草第三代）

采访人：朱志凌

录像：何杰

采访时间：2018年6月、7月间

采访地点：许多康家

【口述人简介】

许春草，祖籍安溪，6岁随父母移居厦门鼓浪屿。幼年时由于家道艰辛，9岁开始在鞋铺当学徒，12岁改行当泥水工人，从此开始他的建筑生涯。许春草由小工升大工、升师傅，到中年他已成为厦门建筑业的佼佼者。身份虽然变了，但他的草根性并没有变，他和100多名建筑工人结为兄弟。1918年，厦门建筑公会在鼓浪屿龙头路挂牌，大家公推许春草为会长。1925年，厦门建筑公会已经有9个区分会，会员8000多人。公会的会训就是许春草一贯的理念："有公愤而无私仇。"厦门建筑公会会员亲如兄弟，齐心协力为人们打抱不平，为社会做事，不计较个人恩仇，成为厦门最大的民众团体和厦门群众爱国运动的主要力量。1930年，许春草发起成立中国第一个婢女救拔团，挽救生活在水深火热中的婢女，投入无数资金，举家为婢女救拔团做奉献。

一、贫困中成长起来的建筑业领头人

我的太爷爷祖籍安溪，早年带着全家——我太奶奶、爷爷许春草和我爷爷的妹妹从安溪移民到鼓浪屿来讨生活。后来因为生活太困难，我爷爷的妹妹病死了。眼见没有生活出路，活不下去了，我的太爷爷就下南洋，自愿被卖猪仔了。想着到外面去讨生活，还可以养活家小，没想到一去不复返，杳无音信了！

当时我爷爷年龄还小，我太奶奶一直哭，眼睛基本上哭瞎了，就只能做些家务。我爷爷九岁的时候就出来做工，先是到一个鞋厂当童工，以补贴家用。后来为了多挣点钱，十二岁的爷爷去到赚钱比较多，但是比较辛苦的建筑工地找活干。开始是到工地挑沙，做小工，后来就慢慢地学手艺。他比较聪明，很快从学徒变成小师傅。他又自学文化，学会了建筑设计，后来开始承包工程，也开始慢慢做房地产。从买地开始，到建房再把房子卖掉，越做越大。当时他也算是厦门最大的建筑商。他以建筑业为他的终生职业。

我爷爷小时候很穷，根本没钱读书。他以前对社会的认知程度，以前所受的教育，都是来自于鼓浪屿的"讲古"。他经常去讲古场听人讲故事，讲哥们义气、仗义豪侠等。后来有洋人传教士到鼓浪屿来传教，他开始是很排斥的，他认为洋人到中国来，是来欺负中国人的。那时候他才二十几岁，当时洋人在传教的时候，他就去捣乱，给人扔石头，等等。有一次，他到了一个教堂，发现一个洋人用不流畅的厦门话在布道，他觉得有点好玩，就注意听了一下。这时候教堂里面走出一个老者，他开始以为这些高高在上的人不会理会他们这些底层的人，会把他们赶出去。没想到这个老人很和善，还把他请进去。老人对他说："你进来，听听看，不喜欢你就走，你多坐一会。”正好听到洋人在讲孙中山。说到当时跟孙中山一起闹革命的几位发起人，都是清政府要通缉的，但是他们这四个人都是基督徒。他们也讲了一些救国的道理，孙中山他听说过，知道他是为老百姓革命的。讲的东西他很能接受，他觉得很有意思，就坐下来慢慢听。就这样认识了基督教，再后来，他就成为一个虔诚的基督徒。

引他进教堂的那位老者，后来就把自己的外甥女嫁给我爷爷了。这便是他信教的过程。

许春草照片（许多康供图）

许春草先生与夫人张舜华女士（许多康供图）

我爷爷到中年的时候已成为厦门建筑业的佼佼者，可能是当年厦门建筑业做得最大的。他的身份虽然变了，但他的草根性并没有变，他和100多名建筑工人结为兄弟。1918年，厦门建筑公会在鼓浪屿龙头路挂牌，大家公推我爷爷为会长。1925年，厦门建筑公会已经有9个区分会，会员8000多人。公会的会训就是我爷爷一贯的理念“有公愤而无私仇”。厦门建筑公会会员亲如兄弟，齐心协力为人们打抱不平，为社会做事，不计较个人恩仇，成为厦门最大的民众团体和厦门群众爱国运动的主要力量。

华星建设社印（许多康供图）

他认识孙中山以后，就跟随孙中山从事革命事业。孙中山还提议，让他把厦门建筑公会改成厦门建筑总工会。他就是以厦门建筑总工会这么一个班底，来协助孙中山做革命工作的。当时厦门也就是 20 多万人口，他的这个建筑总工会的注册会员就有 3000 多人，非注册会员还有 5000 多人。当时这是厦门地面上最大的社团。这么多人跟着他，说明了他的人品有多好，号召力有多大！他有社会公益心，有爱心，才会有这么多人愿意跟着他。

早期他跟着孙中山闹革命，参加同盟会。后来国民党掌权，有些东西他看不惯，就退出革命队伍，回到鼓浪屿来做他的建筑事业。孙中山曾经授予他一个辛亥革命一等勋章，还委任他为福建讨贼军总指挥。可惜这个任命书被一个单位借走，再也没有还了。

我爷爷是一个基督徒，他说他是把来自上帝对他的爱，转变成对社会、对大众的爱。他是用基督徒的爱心，用《圣经》的教导来做这份工作的。所以他每做一件事情，都要做一个虔诚的祷告。我们家后山有一个祈祷山，后山有几个石头，现在的游客称之为月光岩，其实不是。老鼓浪屿人都知道，那个山叫祈祷山，我爷爷一年三百六十五天，数十年如一日，天天早

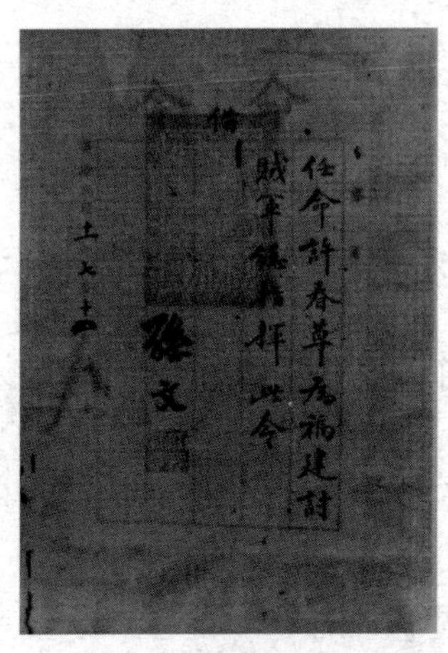
任命許春草為福建討賊軍總指揮此令
孫文

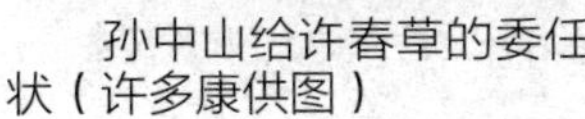
孙中山给许春草的委任状（许多康供图）

福建讨贼军总指挥部印（许多康供图）

福建讨贼军财政部印（许多康供图）

上五点多到那座山上去祷告。

我爷爷对社会对国家做出的贡献，都是在他职业以外的工作。他没丢掉建筑业，同时投入了一些精力做社会工作。他除了早年跟着孙中山参加辛亥革命、参加同盟会以外，还以一己之力，组建了中国第一个婢女救拔团。

二、中国第一个婢女救拔团

也就是那个时候，他不再从事政治运动，在鼓浪屿创办了婢女救拔团。

当时有很多不公的社会现象，他之所以办这个婢女救拔团，也是由于小时候的一个经历。他十来岁的时候，当时在做学徒，有一次挣了两块银圆，舍不得花，放在口袋里当玩具玩。有一天，他走在街上，看到一个八九岁的小女孩躲在一个门洞里，很伤心地在哭泣。他就走过去问她，天这么黑了为什么不回家，却在这里哭？她说自己是个童养媳，主人让她出来买点晚上要吃的小菜，可是刚走到店门口，钱就被坏孩子抢走了。

她没买到小菜，钱也丢了，这样回去可能会被打死，所以她不敢回家。同样是苦人家出身的爷爷，虽然年纪小，却很同情这个小女孩的遭遇，他毫不犹豫地把自己口袋里的两块银圆塞给那个女孩子，让她不要哭，买了小菜赶紧回家。

这件事给他很深的印象，触动很大。这些丫鬟、童养媳的遭遇比他更惨，等他长大了以后，也经常听到一些人家的丫鬟、童养媳的可怜遭遇。越听越多的他，坐不住了，在他有能力的时候，决定出来拯救她们。

1930 年，他发起成立了中国第一个婢女救拔团，旨在解救生活在水深火热之中的婢女。而且不限于在厦门地界，只要能解救的他们就解救。他们解救婢女也有很多方式，有直接用钱赎买出来，但有些有钱人家不愿意卖婢女，他们就要虐待婢女，就是不放人！有钱人家不买账，所以他们就采取另一种方式，去抢救婢女出来。那时候在我们家这一带，我爷爷办了一个婢女救拔团的成立大会，他演讲号召大家解救婢女。参加成立大会的都是一些士绅，以及思想比较解放、比较同情这些婢女的志同道合的人，此外，还有一些洋人。我这里就有他当年的演讲稿。

中国第一个婢女救拔团就这样成立了，婢女救拔团成立前后历时 10 年，先后解救了 300 位左右的婢女、童养媳，最小的三五岁，最大的有二十几岁了。他们把这些婢女解救出来以后，要找一个地方让她们住下来。那时鼓浪屿有一个德国领事馆的旧址，德国领事馆搬出去之后，就把这个房子给我爷爷改成婢女救拔团使用，就在现在的英雄山琴园附近。他们把这个地方当成婢女救拔团的院部，把这些救出来的女孩子都当成“院生”。就让她们在里面生活，教她们读书识字，再教她们一门手艺。有的人学烹调，有的人学缝纫，到结婚年龄，再找到一个合适的人家，把她们嫁出去。后来也带领她们参加抗日工作。

办一个婢女救拔团，其实并没有那么简单。这些抢救出来的婢女，要安顿下来，要吃要穿，一年就要投入一大笔费用。在我父亲孩提时代，爷爷规定家里孩子的伙食不能超过院生的伙食，只能比她们低，不能比她们高，他们就是在这样一个艰苦的环境里成长起来的。他们从小没有任何物质方面的享受，我父亲说他最倒霉，因为他最小，所以他从来没穿过新衣服，都是老大传老二这么一个个传下来的。为了这个婢女救拔团，我爷爷自己的孩子都过着艰苦的生活。当时我的二姑、三姑、大伯父、四姑，都是婢女救拔团里的老师。他们在外地读大学，寒暑假回来都到婢女救拔团当老师，我大伯父还参与管理。

为了这个婢女救拔团，我爷爷真是花尽了心血。长辈们有几件事让我印象比较深，有一次荷兰人做海堤，有一个工程比较大，要招标，我爷爷也去投标。投标那一天，他在标书上加了 1.5 万元。人家说："你疯了，投标竞标都是要压低价格，你怎么反而加了 1.5 万元？这样怎么可能中标？洋人不可能跟你开玩笑的！"我爷爷说："这个钱，是上帝为婢女救拔团预备的，这是我祷告了一个月，才得来上帝的默许，上帝同意我在标书上加上 1.5 万元。"结果真的中标了，这个标就给婢女救拔团争取到了 1.5 万元的经费。

还有一次，院部的院长来报告说，第二天已经揭不开锅了，午饭都没有着落。第二天，我爷爷大清早五点多到山上去祷告，祷告了一个多小时下山来，在路上遇到一位做建筑的朋友，我爷爷问他干吗去，他拿着一个袋子晃了晃，说业主给了一些工程款。那位朋友说："草兄，现在你需不需要钱？我这个钱现在没用，如果你需要，我可以先借给你。我爷爷赶紧说："好，你借给我，婢女救拔团中午正好没饭吃了。"

就是这样，虽然我爷爷一路很辛苦地走来，但是总归没有让这些院

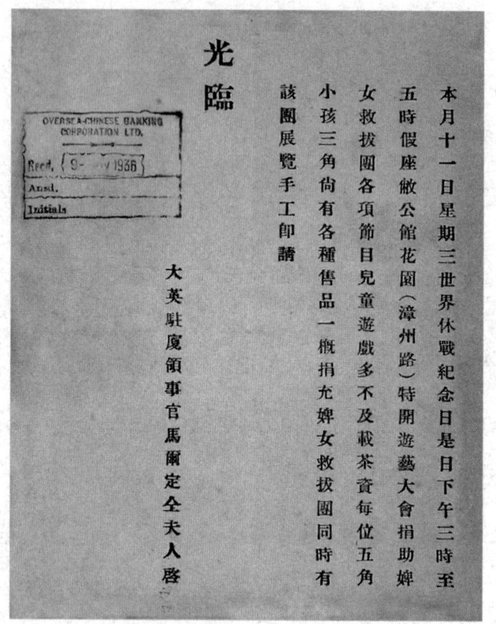

本月十一日星期三世界休戰紀念日是日下午三時至
五時假座敝公館花園（漳州路）特開遊藝大會捐助婢
女救拔團各項節目兒童遊戲多不及載茶資每位五角
小孩三角尚有各種售品一概捐充婢女救拔團同時有
該團展覽手工卽請
光臨
大英駐廈領事官馬爾定仝夫人啓

OVERSEA-CHINESE BANKING CORPORATION LTD.
Recd. 9- 1936
Ansd.
Initials

婢女救拔团邀请函（许多康供图）

生没有饭吃，没有让她们饿过一天的肚子。这也是我爷爷最引以为豪的一件事情。而且救拔团里的几百个人都是叫他爸爸，他也把她们当成自己的女儿一样看待。

我爷爷在鼓浪屿谋生，一直到了他有能力的时候，才买地盖了这座房子，据说这个房子前后盖了五六年。这五六年期间不是一直在盖房子的，经常因为资金问题而中断。我爷爷买下这块地以后，没钱了，他把钱都投到婢女救拔团去了，所以就有一点钱盖一点，盖完第一层的时候，全家就先搬进来住了。也没有装修，地上都是土，后来才慢慢完善起来的。这个房子里没有一样奢侈的物品，所有的东西都是最普通的。为了婢女救拔团，我爷爷勤俭节约，这种爱心很伟大，没有任何功利心。

这幢房子隔壁的地皮，也是我爷爷买下来要盖房子的，可是当时已经建了婢女救拔团，没钱盖房子，也没钱养婢女救拔团了，就把这块地便宜卖给我表姑。我表姑还没来得及盖房子，日本人就来了。抗战全面爆发，我表姑和表姑父跑到菲律宾去了，再也没有回来过，这块地就一直放着。一直到新中国成立后，都是我爸爸帮她管理这块地，包括产权认证、交土地税等。

到了 20 世纪 90 年代初，我父亲才跟我表姑讲："我替你管这块地管了一辈子了，拜托你来把这块地拿走，地契拿走，把我替你付的钱还我，我已经七八十岁了，没办法再替你管了。"我表姑才给我父亲写了封信，说当时这块地是以很便宜的价格从我爷爷手上买的，当时婢女救拔团已经揭不开锅了，所以这块地便宜卖给她，这么多年我父亲替她交的地税，已经超过她当时买下来的钱，所以这块地就送给我父亲了。我父亲说："这也要办手续啊，不然我没办法接收。"后来就请我们家的一个亲戚到菲律宾去做了委托、公证，我父亲才把这块地接收了。这块地的故事也佐证了我爷爷在办婢女救拔团时的艰难。

为了办婢女救拔团，我爷爷不仅没有获得任何利益，还得罪了不少富商。有几次闹得比较大，一次是有一个台湾浪人，在厦门有点势力，叫林滚，听说是台湾十八大哥之一。那个台湾浪人很坏，他们家也虐待婢女。我爷爷从林滚手里救了一个婢女出来，林滚叫嚷着要来找我爷爷算账，要来讨。可是我爷爷不仅没把婢女还他，还把这个婢女保护起来。林滚就让手下一些黑帮流氓过来抢。我爷爷就组织了一些建筑工人，保护这个婢女。后来林滚也不敢到鼓浪屿来打，但是放话，如果我爷爷到厦门岛内来，就让他好看！其实我爷爷从来没有去过厦门岛内，林滚也没敢对他怎么样。

还有一次，当时驻鼓浪屿海军的一位司令官，他的姨太太也养了一个婢女，他们也是虐待婢女。我爷爷想办法把这个婢女救出来。这个司令很生气，说竟然抢到他头上来！于是就派了一个海军陆战队带枪来鼓浪屿，要抢走这个婢女。我爷爷就组织了一批不怕死的建筑工人，拿着一些简单的工具，散布在救拔团的周围，面对着这些拿枪的兵。后来洋人出面阻止，当时鼓浪屿是洋人的租界，洋人不允许人带枪上鼓浪屿。

就这样，我爷爷用各种方法侦察哪家有婢女，哪家虐待婢女。得到消息，就把她们解救出来。为救婢女，也得罪了不少富豪。

“九一八”事变的时候，我爷爷率领婢女救拔团和建筑总工会率先参与抗日，他们成立了厦门抗日救国会。据考证，这是中国第一家民间正式挂牌的抗日组织。他们还办了一张报纸，叫《抗日新闻报》。当时鼓浪屿是租界，日本人不敢上来。一直到了太平洋战争爆发以后，日本人来到鼓浪屿，要抓我爷爷，我爷爷才躲到四川，再辗转到海外。他在海外继续宣传抗日，为抗日筹款。婢女救拔团就是日本人上来以后，被日本人强行解散的。那个房子被日本人炸没了。

我们还存有一些照片，是那些院生结婚的照片。当时有些院生到了结婚年龄，我爷爷就去物色一些好人家。这些好人家要写申请来提亲，院部要派人去考察，看这家人家是否可靠，确定这家人家的人品和经济条件各方面后，才同意嫁出，还给她们办了婚礼。

当时社会各界也来支持，像富绅卓全成，也是一位很虔诚的基督徒。当时他送了一二十部织布机，还派人来教这些院生学织布，织完了布，卓全成再把它买回去。这样给她们补贴生活费用。但是所有的这些社会募捐等，一年下来还是不够整个救拔团所需要的经费。不够的部分全部是由我爷爷一个人承担。厦大一位教授在厦大图书馆找到了一些资料，就是当年婢女救拔团年报、周年报，等等。还有财务报表，经济往来管理得很完善。

新中国成立以后，特别是社会比较安定以后，陆续有当年的婢女，

欢送嫁出的院生赴澳留念（许多康供图）

院生结婚纪念合影（许多康供图）

就是院生前来鼓浪屿寻访我爷爷。我懂事的时候，还有几家来寻访的，她们也就是我父辈的年龄。有两个在厦门，一直跟我们来往到她过世，那已经是 20 世纪 80 年代了。就算当年的三五岁的小孩，到现在也八九十岁了，

许春草与婢女救拔团（许多康供图）

还在世的不多了。

我印象很深的是在 1980 年，那时候海峡两岸才刚刚有点接触，台湾那边的人可以过来的时候，有一个嫁到台湾去的院生，带着她的儿子到这一带附近来寻找。她认得我们家的房子，走到附近，她就找到我们家了。那时候我也二十岁了，那个老人家也有五六十岁了。当时房改，我们家的房子一层住着其他人，我们自己住二楼，墙上挂着我爷爷的照片，她看着这张照片，抱着照片哭了很久。那时，我们家第一台彩色电视机就是那个院生送的。

当时都是我们的长辈跟她们维持感情，我们也不太懂，不懂得珍惜。如果懂的话，就会留下联系方式。同安有一位姓吴的，找到我们家，说他妈妈当年也是院生，她交代后人，她儿子和媳妇才找到我们家来，就一直跟我们联系。我问他，他妈妈有没有留下什么东西。他说，当年在同安，也不太懂，只有一张很模糊的照片。他说还有一位老人，在江西，应该还活着。我请他帮我们找一下，如果能找到，我们去看她一下，后来也没有联系上。过了那么多年，能让后人找来，说明那种感情是非常深厚的。

我小时候经常会有人来，她们跟我的父辈讲话，都是问："爸爸怎么样？爸爸怎么样？"她们会把整家都带过来。现在跟我们有联系的还有一家，她们的后辈后来去了香港，都过得不错。她们跟我在香港的大哥还有系。一直到 2000 年以后还在联系。如果她们还在的话，那我们这个家谱就不得了了，一面墙就放不下了。找回来的，都是感情很深，口口声声叫我爷爷爸爸的。可以看出，我爷爷是如何用心地对待她们，不然她们也不会带着全家人，或者让后人找上门来。

20 世纪 30 年代，有一个国际解放奴隶的组织，是联合国的前身，到上海来考察。听说厦门有一个婢女救拔团，他们很感兴趣，就专门到鼓浪屿来考察，把救拔团的事迹传播出去。厦大有一位来读博士的外国人也把我爷爷的事迹写出来，在美国大都会博物馆还找到一些历史资料。台湾的孙中山纪念馆也有一些东西，还有我爷爷给孙中山写的信和孙中山的复信，在《孙中山全集》里有记载。

三、父强子秀

这个房子目前只剩下我一个人住，大家都在国内外各个地方，但是家族里都有联系，大家感情都很好。我们家不像有些大户人家，"富不过三代"，或者关系不好。我们家没有这些问题，家族的传承教育很重要，家风很好。只要大家谦让，一个家族就很和睦。

我爷爷的思想比较超前，小时候没钱读书，自己有了事业以后，没让他的孩子过奢侈的生活，而是让他的孩子全部上大学，上名牌大学。我爷爷的九个儿女全部都接受过高等教育，他也没有重男轻女，女孩也都培养上大学。在早年，这是很不容易的。

他培养出来的孩子基本上都是学者，没有一个经商的，到了第三代，才有人经商了。

家族中的第一代（第一行）（朱志凌摄）

我能做出这个图示的家谱，也得到家族的全力支持。我三伯父的儿子是我爷爷的大孙，跟我一起做的。他 1946 年出生，在国外工作和生活。他是家族资料的中转站，他英语好，可以跟在国外的人联系，而我姐姐跟家族中的其他女性都有联系。这样寻找家族的全体成员就方便了。在我们家族里，娶老外、嫁老外的有很多，所以我们这个家谱里有几位老外。我们两年更新一次家谱，很少有大家庭会做这样的一个家谱图，用图示法来写家谱的，可能只有我们一家——因为这需要家族的每个成员配合提供照片，我们家族很和睦，才有可能收集齐全。

鼓浪屿有很多大户人家之间互相联姻，我们家也是。我外公是毓德女中的第一任华人校长。我最小的姑姑，她先生是吕荣安，她的公公吕振中是牧师，从希伯来文直接翻译《圣经》，很有权威性。他们祖籍南安，但是生活在鼓浪屿。我的四伯母是北京人，也是北京的大家闺秀。我的四伯父是很有名的水利工程专家。当年建厦门大桥的时候，我的四姑父顾念曾还回来当顾问。我三伯母是漳州人。二伯母是同安人，她父亲是石浔吴姓头人。第三代有几位是从商的，也有学建筑的，继承我爷爷的事业。

我的大女儿在美国学儿童心理学，两个小儿子都是在美国出生的。

许春草的五个儿子（许多康供图）

现在我完整地介绍一下我们家的家族。

按这个图示，第二排就是第二代。第二代的第一位叫许碧霞，是我的二姑，我还有一位大姑，她早在孩提时代就夭折了，所以没有照片。二姑是老大，是活着的最大的孩子，可是我们还是叫她二姑。二姑没有结婚，读的是金陵女子大学，她是最早到婢女救拔团当老师的。后来她定居香港，终生职业就是老师，一直到退休过世。

再来就是我的三姑许碧瑞，三姑在福州读的协和大学，是教会学校。我三姑父当年是国民党厦门市政府的秘书长，后来被定为历史反革命。“文革”的时候，被下放到农村，我姑姑就跟着他下放。到农村以后就没有工作了，变成家庭妇女，回来后也没有收入了。但我三姑是一个很虔诚的基督徒，回来以后，就在漳州组织了一个基督徒家庭聚会，在当地很有名气。

我大伯父是我爷爷的第四个孩子，叫许牧世。他原名叫许摩西，是我爷爷起的名字，后来改名叫许牧世。这个名字开始是作为笔名，后来大家叫习惯了，就叫许牧世了。他是一个教授，上的哪个大学我记不得了。我的大伯父、二伯父、三伯父全部在美国上的大学。大伯父研究神学，有一版《圣经》中文译书《给现代人的福音》，就是他主持翻译的。

我的二伯父许其田，是学历史的，在菲律宾定居。他是菲律宾科学院的第一个华人院士，是菲律宾科学院历史研究所的所长。

从我二伯父开始，几个孩子的名字就是其田、扬三、四复、五权，都跟孙中山的革命理念有关系。

我的三伯父叫许扬三，在美国学环境科学，当年是卫生部的卫生顾问，学术造诣很高。后来反“右”倾的时候被抓去坐牢，就因为大鸣大放的时候，他讲了几句话。他说，不要太迷信苏联专家，他们学的那套还没有我们先进。因为他是在美国学的，他认为美国的科学理念比苏联先进，所以当时就把他当成反革命了。

我这位三伯父是鼓浪屿英华中学在新中国成立前的最后一任校长。他在当校长期间，保护了很多进步学生。当时国民党的军统少将毛森，临解放时，是厦门警备司令，派人来抓我三伯父。抓了几次没抓到，第一次派人到英华中学的校长楼来抓他，他那天正好不在校长楼，在图书馆。特务进去图书馆的时候，他躲到桌子底下。那时候天已经慢慢黑了，整个图书馆没开灯，很暗。特务也没注意，没看到他躲在那里面。可是他自己那时也紧张，不小心弄出点响声。特务马上警觉起来，喊："有人吗？"于是他就学猫叫，特务以为是猫，就走了，这是第一次。

当时我三伯父请了一些会武术的人来护校，学校的小孩很会踢球，洋人船员来了很喜欢跟小孩踢球。大人跟小孩踢，小孩们技巧比较好，洋人经常踢输，所以经常是上半场踢球，下半场踢脚，就开始欺负小孩子了。这时候，护校的人就会出来阻止了。当时英华一个护校的工人叫蟳仔，几年前蟳仔的女儿找到我家来，来问三伯父和三伯母是否还安好。她年纪大了，才跟我们讲，当年特务第二次来抓我三伯父的时候，是白天来的。当时她是一个小女孩，特务没有避讳她，一路走一路在商量，说："这个许扬三会藏在哪里？是去校长楼还是去图书馆？"这时候她听到了，赶快去告诉另一个护校的人，那个人赶紧跑去告诉我伯父的小舅子。当时我三伯父也就二十几岁，学校还有三青团、童子军，有表演团体。学校的男生都要理光头，于是赶紧让我三伯父理了光头，换上学生服装，正好学生下课，就跟着学生混出来了。他赶快跑回家，我爷爷比较有办法，就把他藏起来了。那时候国民党特务虽然很坏，但是我爷爷有一定的名气，他们也不敢随便到我家来抓人。他们可能也有线报，没有发现我三伯父回家，所以也没来我们家抄家。

后来毛森就把我三伯母抓走了，当时我大哥刚出生，还抱在手上。我三伯母也在英华教书，是教国文的。他们抓了我三伯母，逼问她三伯父去哪里了。三伯母说不知道，后来毛森又抓了一个据说是共产党的嫌疑人，那人被殴打到跑出来呕吐，结果特务以为他要逃跑，就在我三伯母面前把那人打死了。我三伯母还很镇定，看着一个人在自己面前被打死也没有慌张，后来毛森也没办法，就让她回家了。

我四伯父在三伯父躲起来的那阵子，就当了代理校长。当时他也是英华的老师，四伯父在北京上大学，在那里搞学运，因为反对国民党，人家也是要抓他，他才跑回来。当时他已经是共产党了，我们家唯一的共产党员就是我四伯父。我四伯父是清华大学毕业的，学土木工程，第二代学建筑的就是我四伯父许四复。我四伯母是北京人，也是清华毕业的，她是气象专家。以前他们预测天气很准，当年也没有现在这么好的设备。他们当年可以用人工准确地预测出一年以后的天气情况，有人记录下来，到那一天，果然天气情况跟他们预测的一样。

我爸爸是我爷爷的第五个儿子，从上海圣约翰大学毕业，是学经济学的。他毕业以后在香港工作，在《大公报》当经济版的编辑。那个时候他才二十几岁，就已经当一个版面的主编了。当时金庸先生跟他坐对面，金庸是副刊文艺版的编辑。

解放厦门的时候，我爸爸也差点没命了。解放军从正面攻打厦门，国民党的碉堡修得很好，一直打不进来。我舅公张圣才是军统少将，那个时候他也在厦门。他有一个好朋友，叫刘浑生，当时是厦门警察局的局长。我舅公通过刘浑生保护了非常多的地下党。因为当时国民党要整批杀掉被捕的共产党人，他们设法拖延动手的时间，让来不及杀，就这样保护了很多地下党人的生命。我舅公张圣才跟潘汉年是单线联系的，第二十九军正面打不进来时候，潘汉年就向我舅公求助，让他想办法拿到厦门的工事图，送出去。当时他们真的是为了新中国不惜牺牲自己和亲人的生命。我舅公就想到我父亲，他把我父亲从香港骗回来，打电话说我奶奶生病了，让我父亲马上回来一趟。我父亲就赶快冲回来了。

我父亲回家一看，老母亲好好的，就说："小舅啊，母亲不是好好的吗？"我舅公说："哎呀都是想你了嘛，想得生病了，所以叫你回来啦，叫我给你打电话，让你回来看望一下啦。"然后说："你看完母亲到我这里来一下，我有事交代你。"我父亲看完母亲就去舅公那里，舅公说："你待一个晚上，明天就回香港，有一个东西，你帮我带回香港。"他其实就是让我父亲带城防图到潘汉年在香港的一个工作点。

第二天一早就就把我父亲叫去，拿给他一把雨伞，交代说："你不要打开这把雨伞，把雨伞带到香港交给某人就好了。"当时我父亲也不敢多问，他知道我舅公很有背景，是很特殊的一个人物。长辈交代的事情，叫他这么干，他就这么干了。

临走前，我父亲想去英华中学找他的三哥、四哥辞行。回来一趟，兄弟总要见个面。我三伯父、四伯父听到我父亲的情况之后，让我父亲给二伯父打个电话。我二伯父当时在国民党市政府当秘书长，年纪比较大，在官场工作，比较有经验，便问我爸："小舅有没有让你做什么事？"我父亲说："有！他拿一把雨伞给我，让我带到香港给某人。"我父亲肯定会给他哥哥讲实话的嘛。我二伯父就交代我父亲说："你坐小舢板，从鼓浪屿到厦门水仙码头后不许离开半步，在那里等我，你自己不能去太古码头！"其实那里到太古码头也没几步路。这时我二伯父开了一部市长的小车，带了一张特别通行证，把我父亲带进去，上船的时候才跟他说："如果我没来的话，你被那个宪兵拦下来，查到这里面有东西，这就是没命事啊！"我父亲那个时候才知道害怕，但他都已经安全地上船了，我二伯父直接把他送到船舱里，让他避过了检查。到了香港以后，我爸爸把这个工事图交给香港的工作站，后来解放军才从寨上等一些比较薄弱的地方攻进来。

解放军快到梧村的时候，毛森才从曾厝垵这边下船逃走，差一点就能抓到毛森了。

这样，我父亲也为厦门的解放做出了一点贡献。我母亲算是名门之后，我的外公是毓德女中的第一任华人校长，林安国。我母亲原来是学幼师的，在省立幼儿园工作，一直到了1957年。我父亲母亲都在福州工作，我父亲五个兄弟中，离家最近的就是我父亲。当时就他们兄弟动员我母亲辞职回来照顾两个老人，我母亲当时也听话，就把自己的公职辞掉了，全心全意回来专职服侍两个老人。所以我爷爷特别疼她，最后也是我母亲给我爷爷送终的。

我五姑是北京师范大学毕业的，她当时在中国人民解放军总参谋部工作，家谱图里有一个穿志愿军军装的，就是我五姑。她参加过抗美援朝，退役了以后，就跟我姑父定居在西安。他们在西安煤炭设计院工作，两个都是煤炭设计院的工程师，搞技术的。到了20世纪80年代，因为我姑父的父亲吕振中牧师在香港年纪大了，他们两个人才申请移居到香港去照顾老人。老人过世以后，他们又移民到美国，之后一家子就在美国定居了。

这就是我的上一辈这九个人的情况。

我爷爷靠自己的双手起家，培养了九个名牌大学生，在国难当头的时候，还拿出自己的资金创办了婢女救拔团，为拯救贫苦的婢女付出了很多心血。这是一种超乎想象的爱心，也正是有了这种爱心，我们的家族才有了这种爱的传承。

许春草先生全家福 1（许多康供图）

许春草先生全家福 2（许多康供图）

四、结　语

有听说过大家族过几代就不太兴旺的，或者后代不和睦的，但是我们这一个家族却延伸了四五代，家族团结和睦。这当然和家教有关：第一代贫苦出身，靠奋斗起家；第二代全部是学者。如此家风，令人钦佩！

朱志凌（左）在采访中（何杰摄）

许多康在族谱照片前（朱志凌摄）